GAY HARDCORE 25

Im Knastkeller

Max Wildrath

AF567575

BrunoBooks

Gay Hardcore 25
© 2023 Bruno Books
Salzgeber Buchverlage GmbH
Prinzessinnenstraße 29, 10969 Berlin
buch@salzgeber.de

Umschlagabbildung: © Lucas Entertainment
lucasentertainment.com (Model: Drake Rogers)
Printed in Germany

ISBN 978-3-95985-435-1

Die in diesem Buch geschilderten Handlungen sind fiktiv.

Im verantwortungsbewussten sexuellen Umgang miteinander gelten nach wie vor die Safer-Sex-Regeln.

Der letzte Tag im Knast

Ich wache auf. Das letzte Mal in dieser Zelle. Heute werde ich entlassen. Weil ich unschuldig bin.

Ich weiß noch nicht wie, aber ich werde völlig neu anfangen müssen. Ich will von meinen alten Freunden und auch von meiner Verwandtschaft niemanden sehen. Keiner hat mich jemals hier in diesem Knast besucht. Alle dachten, ich hätte einen jungen Burschen missbraucht und wollten mit mir nichts mehr zu tun haben. Keiner hat mir geglaubt, dass man mir eine Falle gestellt hatte.

Keiner, bis auf Oleg. Und nur, weil er seinem Anwalt von mir erzählt hat, und der tatsächlich eine Wiederaufnahme meines Falls erreicht hat, komme ich heute frei. Das werde ich beiden nie vergessen.

Oleg schläft noch, im anderen Stockbett unten, über uns liegen Mischa und Alexej. Ich habe mich in den Monaten hier an die drei und den täglichen Sex mit ihnen gewöhnt. Sie werden mir fehlen.

Ebenso wie Sepp Bernauer, mein Chef in der Gefängniswäscherei, wo ich gearbeitet habe. Er ist ein Statistiker und hat eine Strichliste geführt, wie oft ich ihn geblasen, seinen Arsch geleckt, oder er mich gevögelt hat. Es ist einiges zusammengekommen.

Und Max Straubinger, dessen dominanter Ausstrahlung in seiner Uniform ich mich einfach nicht entziehen konnte. Der sogar darauf bestand, dass ich ihn mit *Herr Wachtmeister* und *Sie* anrede, nachdem er mich gefickt hatte.

Stefan, der immer nur geblasen werden wollte.

Und Fabian aus der Zelle nebenan. Er wird mir am meisten fehlen. Aber er muss hier noch seine Zeit absitzen. Er wäre mehr als ein Jahr vor mir rausgekommen. Nun ist es umgekehrt.

Ich habe schon in Freiheit kaum eine Möglichkeit ungenutzt gelassen, aber so viel Sex wie hier hatte ich noch nie. Sicher ist nur ein Teil der Männer schwul, aber die Gefangenen haben in Sachen Sexpartner schließlich keine Wahl, und von den Aufsehern sind manche, wie etwa Sepp und Max, wirklich an knackigen Burschen interessiert, aber auch die anderen kriegen natürlich mit, was zwischen den Häftlingen so läuft und einige lassen sich dazu animieren, mal zur Abwechslung den Arsch eines willigen jungen Mannes zu besteigen. Oft war es meiner.

Ich sollte immer nett sein zu allen – und »nett sein« bedeutete, jeden von den Uniformierten ran zu lassen, wann immer der wollte. Dafür würden die Wärter dann auch nett zu uns sein, sagte Oleg.

Ich habe mich nicht widersetzt. Erstens hatte mir Fabian gleich zu Beginn klar gemacht, dass man Olegs Wünsche tunlichst erfüllt, zweitens … gibt es etwas Besseres als Sex? Ich habe es gern mit Bernauer, Max, Stefan, dem Gefängnisarzt und einigen weiteren Aufsehern getrieben.

Und mit den meisten hier in unserem Flur auch. Alle wussten, dass ich schwul bin, und das haben sie ausgenutzt. Vor allem an den Wochenenden kam es oft zu einem Rudelbums, bei dem ich von etlichen Kerlen gepudert wurde. Ich war nie prüde, aber hier habe ich jegliches Schamgefühl verloren. Schließlich hatte in unserem Flur jeder, wirklich jeder schon mal zugeschaut, wenn ich, zum Beispiel beim Duschen, genagelt wurde. Und wenn ich nach Einschluss in der Zelle »meine« drei Russen bediente, hat oft genug ein Aufseher durch ein Guckloch in der Tür zugesehen. Fabian meinte mal, Oleg hätte einen Narren an mir gefressen. Ein bisschen was ist dran. Ich glaube, er mag mich, obwohl er das nie gesagt hat. Passt nicht zu seiner Rolle als Chef. Wir haben, ohne groß darüber zu reden, beide gewusst, was wir aneinander haben. Ich war nett zu Aufsehern und Mitgefangenen, er hat dafür auf mich aufgepasst.

Schritte und Schlüsselklirren auf dem Flur, es wird aufgeschlossen. Mischa und Alexej stehen auf, verschwinden bald zum Frühstück. Oleg schlägt seine Bettdecke zurück, er schläft nackt, zeigt mir seine Morgenlatte. »Willst du noch mal, Kleiner?«

Und während ich an seinem Kolben sauge, wird er das erste Mal wirklich persönlich. »Wirst mir fehlen, Kleiner. Keiner mehr hier zum Schachspielen. Und keiner leckt und bläst so gut wie du … aaah … aah … kommt, kommt!«

Er befüllt meinen Rachen mit seiner Sahne, doch als ich mir selbst einen abrubbeln will, hält er mich auf. »Nicht, Kleiner. Warte.«

Ich verstehe es nicht, aber er wird einen Grund haben. Vielleicht weiß er, dass Mischa und Alexej auch noch mal abgesaugt werden wollen. Ich hätte kein Problem damit.

Wir bedienen uns am Frühstückswagen im Flur, setzen uns wieder in die Zelle. Das letzte Mal diese dünne Brühe, die Kaffee sein soll. Das langweilige Brot, die immer gleiche Wurst.

Viele Kollegen verabschieden sich, sie werden von Aufsehern zu ihren Arbeitsstellen gebracht. Ich will noch mal zu Fabian, doch Oleg hält mich wieder auf. »Warte hier, Kleiner.«

Er verschwindet und kommt bald mit Fabian zurück, dem ich sofort um den Hals falle. »Ach, Fabian! Ich möchte mit dir …«

Oleg unterbricht mich. »Bernauer holt dich heute später ab, Fabian. Habt jetzt noch eine Stunde. Lass euch allein, wird auch keiner zusehen.« Er deutet beim Rausgehen auf das Guckloch in der Tür.

»Ich gönn's dir, Daniel! Ich freu mich wirklich für dich! Aber du wirst mir fehlen. Ich weiß, Bernauer tut mir nichts, in der Wäscherei passt er auf. Aber hier … du weißt, wie Oleg ist. Und die anderen. Und ich …«

»Ich weiß. Aber auch du kommst hier raus! Denk daran! Es geht vorbei! Ich schreib dir und besuch dich, versprochen!«

»Ja, bitte … und … was hast du jetzt eigentlich vor, draußen?«

»Ich weiß es nicht. Keine Ahnung. Neu anfangen.« Ich drücke ihn an mich.

»Daniel, ich mag dich! Ich mag dich wirklich! Ich hoffe, wir sehen uns, wenn ich rauskomme. Aber du weißt …«

»… du bist nicht schwul. Trotzdem sollten wir die Zeit jetzt noch nutzen, meinst du nicht?« Ich bugsiere ihn Richtung Bett, wir knutschen ein wenig, reiben uns aneinander, ich habe seinen Atem im Nacken, taste nach seinem Geschlecht, da rührt sich schon etwas, wie bei mir natürlich auch.

»Darf ich noch mal, Daniel? Hier ist immer … du weißt schon …«

Natürlich weiß ich. Er ist in einer ähnlichen Rolle wie ich. Die Aufseher lassen ihn zwar in Ruhe, aber den Mitgefangenen kann er sich entziehen. Wir sind beide dreiundzwanzig, eher schmal und noch ein wenig jungenhaft, und mangels Alternativen nehmen sich viele der Männer eben junge Ärsche. Mir hat das gefallen, aber Fabian konnte leider einem Schwanz hinten drin nie was abgewinnen. Wenn schon mit einem Mann, will er der Aktive sein.

Statt zu antworten wetze ich meinen Hintern an ihm, er versteht, und wir zerren uns gegenseitig die Hosen runter. Neben meinem Bett steht ein Pott Vaseline, damit schmiert er mein Loch und sein Rohr ein, robbt hinter mich, fädelt bei mir ein und schon ist er drin und beginnt zu bumsen. Mit Zukneifen und Lockerlassen mache ich ihn heiß, sporne ihn an, »Fick mich, Fabian, fick mich, ja …«, und seine Stöße werden härter, sein Stöhnen lauter, und als sein Rohr in meinem Darm zu pulsieren beginnt, wichse ich selbst wie blöd und spritze meine Soße ins Betttuch. Ist egal, wird eh gewaschen.

Wir bleiben beide erschöpft liegen, bis sich die Zellentür einen Spalt öffnet. »Noch fünf Minuten, Jungs.«

Draußen auf dem Flur warten schon Oleg und Bernauer, die uns diese Stunde zusammen ermöglicht haben. Wir bedanken uns, ehe Fabian und ich uns nun wirklich zum letzten Mal umarmen. Bernauer bekräftigt, wie er gestern schon sagte, ich könne mich jederzeit bei ihm melden, dann verschwindet er mit Fabian in Richtung Wäscherei.

»Wir warten auf Max«, sagt Oleg. »Er bringt dich zum Direktor.«

»Weiß Max eigentlich, dass ich weiß …?«

Oleg versteht sofort. Wenn Max Spät- oder Nachtschicht hatte, haben er und Oleg mich öfter mal, mit einer Lederhaube über dem Kopf, die Augen und Ohren bedeckte, in den Aufenthaltsraum geführt, mich erst selbst gefickt und dann von noch jemandem, den ich nicht erkennen sollte, besteigen lassen.

Ich habe am Zigarrengeruch seiner Klamotten trotzdem den Direktor erkannt und das Oleg auch gesagt. Niemandem sonst.

»Ja, Max weiß. Direktor nicht.«

»Ich will nicht, dass ihr das mit Fabian auch macht. Versprich mir das!«

Er schüttelt den Kopf. »Aufseher machen nur mit Leuten, die wollen. Weißt du doch. Direktor schaut sonst nur durch Guckloch zu. Hat nur mit dir gemacht, weil er gesehen hat, du kriegst nicht genug. Aber Fabian muss nur für Männer hier am Flur da sein. Muss sein, weißt du auch. Männer müssen ficken können. Aber ich passe auf, dass für ihn nicht zu viel wird.«

Mehr konnte ich nicht erwarten.

»Ist es ein Problem, wenn ich dem Direktor sage, was ich weiß?«

Oleg überlegt kurz, zuckt mit den Schultern. »Kannst du machen. Ist jetzt egal.«

Als Max mich abholt, sagt Oleg »Bis bald, Kleiner!«, doch da wehre ich ab. In diesen Kasten hier will ich nicht noch mal.

Wir gehen zuerst zum »Empfang« dieser Anstalt, wo ich endlich wieder meine eigenen Klamotten kriege. Raus aus all diesem grauen Zeug. Dann bringt Max mich ins Büro des Direktors, in dem schwerer Zigarrenqualm hängt. Er verabschiedet sich mit »Auf Wiedersehen!«, und als ich zu einer Entgegnung ansetzte, fährt er fort: »Muss ja nicht hier sein.«

»Auf Wiedersehen, Herr Wachtmeister.« Eine Floskel, ich rechne nicht wirklich damit.

Der Direktor bietet mir einen Platz und Kaffee an. Schmeckt deutlich besser als das Gebräu, das wir bekommen haben.

»Wir warten auf Ihren Anwalt«, sagt er. »Er will Sie hier abholen.«

Ich nicke und bin gespannt, wie er reagiert, auf das was jetzt kommt. »Herr Direktor, Ihr Anzug riecht nach Rauch. Ich war mit meiner Nase in Ihrer Hose. Ich weiß Bescheid.«

Er wird blass, sieht mich nur an, bleibt stumm.

»Keine Sorge, ich will nichts. Es hat mir gefallen.«

Die Sekretärin meldet sich über die Sprechanlage: »Herr Bergmann steht im Stau. Es wird noch eine halbe Stunde dauern.«

»Danke, wir warten auf ihn.« Die Farbe kehrt langsam in das Gesicht meines Gegenübers zurück. »Du bist echt so drauf, was?«

»Ja. Als mir das erste Mal klar wurde, dass ich gerade Ihren Schwanz lutsche, ist mir sofort einer abgegangen. Aber ich hoffe, Sie machen das nicht mit jedem.«

»Natürlich nicht. Du warst der Erste und Einzige. Ich hab's gemerkt, wenn du gekommen bist. Du kriegst wirklich nie genug, was?« Ich sehe seine Hand nicht, aber ich bin sicher, er streicht über seinen Schritt.

Ich deute nur zur Vorzimmertür, doch er schüttelt den Kopf. »Sie kommt nie hier herein, wegen des Rauchs.« Er ringt mit sich, doch die Geilheit siegt. »Willst du?«

Ich will, ja. Dieses Teil, das mich schon mehrfach durchgezogen hat, das erste Mal auch sehen. Und so krieche ich unter den Schreibtisch, sehe an Gürtel, Reißverschluss, Knöpfen fummelnde Hände, die den Direktorenschwanz an die Luft holen. Ich werde nicht enttäuscht, ein schönes Stück Männerfleisch kommt zu Tage, das ich mir sofort reinziehe. Bisher steckte der immer erst in meinem Arsch, ehe ich zum Lutschen kam, nun schmeckt der Kolben natürlich anders, nur nach Schwanz und ein wenig Pisse. Hände packen meinen Kopf, ziehen mich unter dem Schreibtisch hervor, der Direktor steht auf, vögelt sich aus, verpasst mir eine ordentliche Maulbesamung, lässt sich wieder auf seinen Stuhl fallen.

Ich bleibe vor ihm knien, den Kopf in seinem Schoß,

seinen Schwanz noch im Mund, seine Sahne im Rachen, und packe meinen eigenen Lümmel aus. Ich hab zwar vorhin erst abgespritzt, aber dieser Direktor in seinem Anzug hat was entschieden Geiles an sich. Dass er bestimmt schon fünfzig ist und sein Haar grau gesprenkelt, stört mich nicht, er ist der Typ Mann, auf den ich stehe, groß, breitschultrig, bestimmend, und es braucht nur ein paare harte Wichszüge bis ich das Parkett versaue.

Ein kurzes Verschnaufen, wir ordnen unsere Garderobe, ich putze den Boden, wir setzen uns am Schreibtisch wieder gegenüber.

Ich sehe dem Direktor an, wie verlegen er ist. Jetzt, wo das Blut wieder in seinem Kopf ist, weiß er natürlich, er hätte sich nicht gehen lassen dürfen.

»Zerbrechen Sie sich nicht den Kopf. Ich wollte auch.«

Das stimmt, ich wollte, der Typ macht mich wirklich an. Trotzdem hatte ich einen Hintergedanken: Er wird ein Wort mitreden, wenn nicht sogar allein entscheiden, ob Fabian mal Freigang kriegt oder ich ihn besuchen darf. Und da kann es nicht schaden, wenn ich nett zu ihm war. Aber jetzt möchte ich doch den Spermageschmack aus dem Mund bringen. »Kann ich bitte noch einen Kaffee haben?«

»Natürlich.« Er verschwindet ins Vorzimmer, kommt bald zusammen mit Andreas Bergmann wieder in das Büro. Olegs Anwalt. Mein Anwalt. Der mich hier rausholt.

Der Direktor gibt uns noch einige Papiere, ich werde mich jede Woche auf einer Polizeistation melden müssen. Dann erkundigt er sich, was ich jetzt vorhabe, ob ich eine Bleibe habe oder bei jemandem wohnen kann.

»Ich weiß es nicht. Mein WG-Zimmer wird kaum noch frei sein. Und ich will niemanden von früher sehen. Es ist auch keiner zu mir gekommen.«

Die beiden schauen sich an, dann bitten sie mich, im Vorzimmer zu warten, sie hätten noch was zu besprechen.

Es dauert, bis sie wieder auftauchen. Ich bekomme noch eine Abrechnung für meine Arbeit in der Wäscherei. Viel ist es nicht. Etwa 2.000 Euro. Für fast acht Monate. 500 bar, der Rest wird überwiesen.

Eine Verabschiedung vom Direktor, von der Sekretärin, dann ist es vorbei. Ich werde entlassen.

Frei!

Ich stehe vor dem Knast. Ich bin FREI! Zufällig an einem Freitag.

Ich hocke mich auf eine Bank neben dem Eingang und muss heulen, und es ist mir egal, was Bergmann denkt.

Er setzt sich zu mir, sagt aber nichts, und erst, als ich mich halbwegs eingekriegt habe, redet er mich an. »Wenn's wieder geht, komm mit!« Er bringt mich zu seinem Auto auf dem Besucherparkplatz, ich verfrachte mein weniges Zeug im Kofferraum, wir steigen in den Wagen.

»Warum tun Sie das für mich? Und wohin fahren wir?«

»Du brauchst eine Wohnung. Ich habe vielleicht eine für dich.«

»Ich werde sie kaum bezahlen können.« Wieso duzt er mich plötzlich?

»Vielleicht doch. Sieh sie erst mal an.«

Wir fahren in einen Vorort am Rand eines Gewerbegebietes, zu einem etwas abseits liegenden Haus. »Hier ist im Erdgeschoß meine Kanzlei und im ersten Stock wohne ich selbst. Du kannst ins Dachgeschoß ziehen, zwei Zimmer, Küche, Bad ... komm mit!«

Ich finde die Duzerei seltsam und vielleicht hat er Hintergedanken, wenn er mich in seinem Haus wohnen lässt, ich werde sehen. Ablehnen kann ich immer noch. Aber ohne Arbeit werde ich keine Wohnung finden und muss bei ihm bleiben, wenn ich mein Geld nicht für eine Pension oder ähnliches ausgeben will.

Wir sind rauf und er hat mir die Dachwohnung gezeigt. Ein Flur mit Garderobe, eingerichtete Küche, Bad, ein kleines und ein großes Zimmer, Balkon, alles Mansarde, aber schöne Gauben mit großen Fenstern.

»Früher waren meine Eltern im ersten Stock und ich hier oben. Gefällt's dir?«

Es wäre ein Traum. So schön habe ich noch nie gewohnt. Aber … »Was soll es kosten?«

Bergmann dirigiert mich in die Küche. »Setz dich und hör zu. Du kannst hier wohnen und Arbeit suchen, dabei helfe ich dir. Für die Wohnung möchte ich 500 Euro im Monat, warm, das kannst du dir leisten, wenn du arbeitest. Dieses Angebot ist unabhängig von dem was jetzt kommt. Du kannst dir hier was dazuverdienen. Komm mit!«

Auf dem Weg in den Keller erklärt er, dass Oleg und Sepp mich für verschwiegen und vertrauenswürdig genug halten, um mir zu zeigen, was ich gleich sehen werde.

Unten deutet er auf zwei Türen, erklärt »Haustechnik und Waschküche«, schließt eine Stahltür auf, geht voraus, ich folge ihm in einen völlig kahlen Flur mit kaltem Neonlicht und sechs oder sieben weiteren Stahltüren zu beiden Seiten.

»Das war mal das Archiv für die Kanzlei. Inzwischen

brauchen wir aber nur noch einen der Räume hier als Aktenlager. Die anderen Zimmer haben wir umgebaut. Sieh dir erst alles an, dann reden wir weiter.«

Er öffnet die ersten Türen. Eine Essküche. Daneben ein Raum mit zwei einzeln stehenden Betten, Stahlgestelle, wie im Knast. »Hier übernachte manchmal ich oder jemand anders.«

Gegenüber ein Klo, eine Kabine, statt kleiner Pinkelbecken drei von diesen hüfthohen, breiten Urinalen, daneben ein Raum mit drei Duschen, wie im Bau, nur eine Nummer kleiner. Alle Räume mit Kellerfenstern in Lichtschächten.

Nächste Tür, er schließt auf, und ich stehe vor einer Gefängniszelle. Fast genau wie unsere. Graue Wände, vergittertes Fenster weit oben, ein Einzel-, ein Stockbett, Spinde, Waschbecken, Schiebetür zum Klo. Ich bin sprachlos.

Dann ein Raum mit Metallregalen, darauf Sträflingskleidung, Bettwäsche und Handtücher aus dem Knast, Aufseher-Uniformen und Stiefel, Handschellen, Schlagstöcke. Mir bleibt der Mund offenstehen.

Bergmann würgt mich sofort ab, als ich was sagen will, und führt mich in die Küche, weist dabei noch auf eine zweite Ausgangstür hin, die zu einer Außentreppe führt.

»Setz dich und pass auf: Jeder weiß, was im Bau so abgeht, sexuell, meine ich. Es gibt genügend devote Typen, die wollen das erleben und wie im Knast behandelt werden und die zahlen sogar dafür. Die sperren wir hier ein und kümmern uns um sie, wir haben einige Stammkunden.«

Ich bin baff. »Wer ist ›wir‹?«

Auf meine Frage geht er nicht ein. »Es gibt aber auch

Typen wie mich, die wollen als Aufseher in realistischer Umgebung einen Knacki hernehmen. Dir würde das, soweit ich weiß, gefallen, und es wird gut bezahlt. Wir haben den Umbau hier zwar selbst gemacht, aber ich habe Küche, Fliesen, Sanitärsachen und so weiter bezahlt. Bis das wieder drin ist, geht von jedem Kunden ein Fünfziger als eine Art Tilgung an mich. Danach wird nicht mehr geteilt. Es ist völlig in Ordnung, wenn du das nicht willst, du kannst trotzdem oben wohnen. Du musst nur den Mund halten. Überleg's dir.«

Ich bin platt. Mein erster Eindruck war jedenfalls richtig. Bergmann ist nüchtern, auf eine gewisse Art seriös, zumindest redet er Klartext, sagt, was Sache ist, und definiert seine Bedingungen.

»Und Sie sind … du bist …woher weißt du … wissen Sie … dass ich …«

Er drückt mich auf einen Küchenstuhl und baut sich direkt vor mir auf, bestimmt eins neunzig groß. Das Sakko hat er vorhin abgelegt, in seiner engen, dunkelblauen Anzughose wächst was, genau auf Höhe meiner Augen, und als ich nach oben blicke, merke ich, er beobachtet mich, er will sehen, wie ich reagiere, und erst als ich mit einer Hand über seine Beule streiche, packt er meinen Kopf und drückt ihn in seinen Schoß. »Ich bin so geil auf dich! Weil du eine echte Knastsau bist! Weil du gestern noch vier Schwänze drin hattest! Geh in die Zelle und zieh dich um!«

Auf dem Einzelbett liegen Knastklamotten. Meine! Mit den Etiketten meiner Knastnummer! D82178! Wie hat er die Sachen gekriegt? Von Bernauer?

Ich schlüpfe in all das graue Zeug, da geht die Tür schon auf und Bergmann steht da, in Aufseher-Uniform. Er sieht mich nur an und ich gehe vor ihm auf die Knie, öffne seinen Hosenschlitz, fummle seinen Schwanz aus der Hose, groß, richtig groß, ich kann ihn kaum schlucken. Er schiebt mir das Rohr noch tiefer in den Rachen, ich ersticke fast daran. Er merkt selbst es ist zuviel, lässt locker, und ich bemühe mich, ihn mit der Zunge zu stimulieren, lecke an seinem Pissschlitz, spiele mit einer Hand mit seinem Klötensack, knete mit der anderen seine Arschbacken. Er umklammert meinen Kopf, fickt mich ins Maul, ich mache mit meinen Lippen ein enges Loch, er soll sich anstrengen, um in mich reinzukommen, das macht ihn an, seine Stöße werden fester, sein Stöhnen lauter, er ist soweit, fängt an zu pumpen, sein Sperma schießt in meine Kehle, läuft in meinem Hals hinunter, ich sauge alles aus ihm raus.

Mein eigener Ständer zuckt und juckt, aber ich kümmere mich jetzt nur um Bergmanns Schwanz, lecke sanft an ihm weiter, das hat er verdient, schließlich hat er mich aus dem Knast geholt.

»Du bist wirklich so eine Sau, wie sie gesagt haben!« stöhnt er.

»Wie wer gesagt hat?«

»Alle!«

Heftiges Klopfen schreckt mich auf, doch Bergmann bleibt ruhig. »Lass sie rein!«

»In diesen Klamotten?«

»Ja.«

Mir ist nicht wohl dabei, und als ich die Außentür öffne, muss ich zweimal schauen, denn in Zivil habe ich sie noch nie gesehen. Da stehen Oleg, Bernauer und Max und drängen herein.

»Siehst du, Kleiner«, knurrt Oleg, »›bis bald‹ habe ich gesagt.«

In der Küche erfahre ich die Vorgeschichte. Andreas, also Bergmann, Olegs Anwalt, kennt Bernauer und Max von seinen Besuchen im Knast und irgendwelchen schwulen Motto-Partys, wo sie den Plan für diese Räume hier entwickelt haben. Die ganze originale Knastausrüstung, ausrangiertes Zeug, haben sie nach und nach hierhergeschafft. Und sie bieten in der Szene spezielle Gefängnisaufenthalte an.

Wenn ich mitmache, wird man die Zelle künftig auch mit einer erfahrenen Knastsau mieten können. Mit mir.

»Willst du?« fragt Oleg.

»Weiß ich noch nicht. Aber wieso bist du eigentlich hier draußen?«

»Habe Freigang. Mit Begleitung und Fußfessel. Büro von meinem Anwalt ist in diesem Haus. Kann niemand was dagegen haben, dass ich hier bin.«

»Verstehe. Aber … wer kennt diesen Keller hier? Wer macht hier mit?«

»Könnt ihr ihm alles nachher erzählen«, erklärt Oleg den anderen. »Er wird Mund halten. Aber vorher … Max und ich müssen bald zurück. Geh in Zelle, Kleiner, zieh Hose aus und leg dich über Tisch. Weißt, was ich will!«

»Ich auch!« kommt es von Bernauer und Max, und, etwas verzögert, auch Andreas.

Und eine Minute später ist es wie so oft in den letzten

Monaten: Ich beuge mich in einer Zelle mit weit gespreizten Beinen über den Tisch, warte auf den ersten Schwanz, lasse meine Rosette spielen.

»So eine Sau!« Das ist Andreas, er weiß noch nicht, *wie* schamlos ich bin. Die anderen drei kennen meinen Arsch sehr gut, waren oft genug drin.

Oleg fängt hinten an, bohrt seine lange, harte Russenlatte in meine Eingeweide und orgelt mich durch. Max hat derweil seinen Schwanz aus der Jeans geholt und hält ihn mir zum Lutschen vor die Nase. Geil, saugeil, auch ohne Uniform.

Sie sind beide keine Muskelprotze, aber gut gebaut, Oleg etwas größer, blond, Max schwarzhaarig, mit Schnauzer, und diese zwei stopfen nun meine Löcher. Ich klammere mich an Max' harte Arschbacken, würde gern seine Soße schlürfen, doch Oleg hinten ist immer schneller geworden, knallt mich mit aller Macht, schleimt mich schreiend voll, und sofort wechselt Max die Seiten, auch er will hinten rein, drängt Oleg zur Seite, und schon ist mein Loch wieder gefüllt, der nächste Kolben tobt sich in mir aus.

Vor mir hat sich Bernauer aufgebaut, er ist hier mit fast zwei Metern der Größte, mit Mitte vierzig der Älteste, und auch der behaarteste. Sein Schwanz hat sich bereits aufgerichtet, so rammt er ihn mir ins offene Maul. Packt mich an den Ohren, beschimpft mich als schwule Sau, was offensichtlich Max anmacht, denn der wird nun fast hektisch, stochert nur noch irgendwie in mir rum, ehe sein Riemen in mir seine Ladung ablässt.

Der nächste Wechsel, Bernauer drängt seinen Riemen in meine Rosette, und der ist dicker als die, die eben schon drin waren. Jede Woche zwei- oder dreimal hat auch der mir einen Besuch abgestattet, ich kenne ihn also, und muss mich doch jedes Mal erst wieder daran gewöhnen. Wegen seiner Größe muss Bernauer etwas in die Knie gehen, und es hebt mich regelrecht ein wenig an, wenn er von unten her zustößt.

Andreas hält mir seinen Eumel zum Lutschen hin und ich schaffe es auch jetzt nicht, mir das ganze Ding reinzuziehen. Ich knete seinen festen Hintern, hoffe, ihn bald nicht nur zu fühlen, sondern auch sehen und lecken zu können.

Bernauer hat sich verausgabt, eine dritte Portion Eiweiß ist in mir gelandet, und nun nimmt sich Andreas meine gierige Fotze vor. Nur gut, dass die anderen schon vorgearbeitet haben, mein Loch ist jetzt elastisch, geschmeidig, macht auf… ich hatte befürchtet, es würde schwieriger, doch nein, der Anwaltskolben verrührt schon die Sahne seiner Vorgänger, und eine Hand macht sich nun auch an meiner Latte zu schaffen. Andreas selbst ist da wohl zugange, er stammelt was von »So ein geiles Schwein … kriegt nicht genug …«, noch mehr unverständliches Zeug, und dann explodiert auch er und eine weitere Injektion schießt in meinen Darm.

Er bleibt auf mir liegen, wichst mich, »Spritz ab!« fordert er, »Spritz ab!«, und mit seinem Harten im Arsch geht mir bald einer ab, auf grauem Linoleum verteile ich meine Soße, wie so oft im Knast.

Im Bett des Anwalts

Oleg und Max haben sich mit »Bis bald« und »Wiedersehen« verabschiedet, und nun halte ich das nicht mehr für leere Floskeln.

Ich bin wieder in meine eigenen Sachen geschlüpft und Andreas hat vorgeschlagen, Essen zu gehen. »Ich zahle«, hat er gesagt, und so sitzen wir nun bei einem Italiener, ich habe mir eine richtig gute Pizza schmecken lassen, Tiramisu und Espresso, alles schon lange nicht mehr gehabt.

»Müsst ihr nicht arbeiten?« frage ich, und Bernauer nuschelt nur »Überstunden abbauen«, er hat gerade den Mund voll.

»Wenn ich keinen Gerichtstermin habe, kann ich mir selbst einteilen, wann ich was mache. Heute bist nur du mein Klient«, erklärt Andreas, er ist mit dem Essen schon fertig. »Warte!«, blockt er mich ab, »hör erst zu. Ich weiß, du überlegst, wie du mich bezahlen sollst. Du hast kein Einkommen und vermutlich kein Vermögen, und damit Anspruch auf Prozesskostenbeihilfe. Wenn du mich machen lässt, versuche ich, mehr für dich herauszuholen als nur die Haftentschädigung. Wird schwierig, aber man wird deine Klage nicht von vornherein abschmettern können.

An dem Prozess verdiene ich etwas, und so wie die Justiz mit dir umgegangen ist, und bei der lächerlichen Haftentschädigung, die du bekommst, habe ich keinerlei Skrupel, herauszuschinden was nur geht. Du kannst erst mal oben wohnen und musst nicht befürchten, demnächst auf der Straße zu stehen. Hast du irgendwo Sachen, die wir holen sollen?«

»Mein Verteidiger hat den Leuten in meiner WG gesagt, dass sie mein Zeug verpacken und aufbewahren sollen. Ich weiß nicht, ob sie es gemacht haben.«

»Das klären wir noch. Bis du das hast, kannst du bei mir bleiben. Soweit einverstanden?«

Natürlich habe ich genickt. Oleg hat gesagt, ich könne Bergmann trauen, einen anderen Anwalt kenne ich sowieso nicht, und für meinen Laienverstand klangen seine juristischen Ausführungen ganz plausibel.

Wir sind dann zurück und bei einem Telefonat mit einem meiner alten WG-Genossen blocke ich alles Persönliche ab. Meine Sachen seien in Umzugskisten im Keller und mein Zimmer wäre jetzt möbliert vermietet, erklärt er.

»Sag dem Nachmieter, er soll ausräumen. Ich komme morgen Vormittag und hole alles.«

Andreas organisiert von einem seiner Bekannten für morgen einen Lieferwagen, bittet Bernauer mitzukommen, und schlägt dann vor, einkaufen zu fahren. »Ich fürs Wochenende, du wirst sicher auch einiges wollen.«

»Wenn es dir recht ist, würde ich lieber hierbleiben. Mir ist nicht nach vielen Leuten. Ich war monatelang nie allein.«

»Wie du willst. Du kannst hier warten. Komm mit.« Er zeigt mir das Wohnzimmer und bricht dann auf.

Ich lege mich mit einer Decke auf ein Sofa, genieße die Ruhe …

Eine Hand auf der Schulter weckt mich. »In zehn Minuten gibt es was zu Essen, Daniel.«

Ich war ganz weit weg, muss mich erst orientieren, wo ich überhaupt bin.

Bei Spaghetti Carbonara und einem guten Wein bedanke ich mich für Andreas' Vertrauen, immerhin hat er mich allein in seiner Wohnung gelassen.

»Weißt du, ich habe natürlich mit dem Direktor, Oleg, Max und Sepp über dich gesprochen. Sie sagen alle, du bist in Ordnung. Sepp hätte dich sogar bei sich wohnen lassen, ehe du auf der Straße stehst, aber bei mir ist einfach mehr Platz.«

»Sepp hätte mich …« Ich muss schlucken.

»Ja. Er hält ziemlich viel von dir, Daniel. Oleg auch, aber der kann dir keine Bleibe anbieten.«

»Willst du gleich schlafen?« fragt Andreas nach dem Essen.

»Jetzt geht's wieder. Nur vorher war ich so fertig … Bitte erzähl vom Keller!«

Er führt mich ins Wohnzimmer. »Vorab: Ich habe nun mal einen Gerechtigkeitsfimmel. Deshalb bist du jetzt hier. Mit keiner Verpflichtung verbunden. Und ich hoffe, du hast vorhin unten mitgemacht, weil du wolltest, nicht weil du dachtest, du musst. Soweit klar?«

Auf mein Nicken fährt er fort: »Zu uns kommen entweder Leute, meist Paare, die es mal miteinander im Knast und mit Uniformen treiben wollen, oder devote Typen, die in so einer Umgebung von Wärtern hergenommen werden wollen. Unter der Woche nur am Abend, am Wochenende manchmal auch über Nacht. Dann natürlich mit Verpflegung, so wie du es kennst. In dem Fall schläft dann auch einer von uns unten.«

»Wer macht dabei mit? Sepp, Max, du,... Oleg wird nicht oft hier sein können.«

»Ja. Außerdem Richard, das ist der Installateur, der die Einbauten unten gemacht hat. Leo, mein Sozius in der Kanzlei. Und manchmal Erich. Den kennst du. Der Direktor.«

Ich hätte es mir denken können.

»Wir sind oft zu zweit, wenn jemand hier ist. Sicherheitshalber, und weil das die Typen anmacht. Auch wenn du dich entschließt mitzumachen, wird einer von uns im Keller dabei sein.«

»Verstehe. Aber lass uns für heute Schluss machen. Kann ich auf dem Sofa pennen?«

»Musst du nicht.« Er zeigt mir ein Gästezimmer, auf dem bezogenen Bett liegen Handtücher und ein Schlafanzug. Mein Knastschlafanzug. »Du kannst hier schlafen. Oder hier.« Er öffnet eine weitere Tür. Sein Schlafzimmer. Doppelbett, aber nur ein Kissen, eine Decke. »Nur wenn du willst. Kein Muss. Ich gehe schon mal ins Bad.«

Und während ich das Duschwasser plätschern höre, verfrachte ich das Bettzeug aus dem Gäste- ins Schlafzimmer. Ich will!

Ich hocke auf der Bettkante, als Andreas hereinkommt. »Freut mich«, sagt er, lässt das Handtuch, das er um die Hüften geschlungen hatte, fallen, und ich sehe ihn jetzt das erste Mal so ohne alles. Mit Anzug, Schlips, Brille, habe ich ihn auf Mitte dreißig geschätzt, aber das ist er noch nicht. Anfang dreißig vielleicht, wenn überhaupt. Eine Statur wie Bernauer, aber nicht so dunkel und nicht so behaart, nur auf der Brust ein wenig Flaum, weiter unten baumelt ein fetter Schwengel vor ebensolchen Eiern. Er merkt, dass ich ihn anstarre, krault sich den Sack… Ich will!

Nachdem ich selbst im Bad war, stehe nun ich nackig in der Schlafzimmertür, beobachtet von Andreas, der wichsend im Bett sitzt und mich zu sich winkt. »Komm her, du kleine Nutte!«

Dieses Wort treibt mir das Blut in den Schwanz und innerhalb kürzester Zeit steht er stocksteif ab. Und gleich darauf liege ich zwischen Andreas' Beinen und sauge an seinem Kolben. Fest packt er meinen Kopf, zwängt mir den Riemen rein, immer weiter, ich kann kaum atmen, seine Eichel ist Gott weiß wo in meinem Hals. Er presst mich an sich, bis meine Lippen an seinem Bauch, in seinem kurz geschorenen Schamhaar sind, erst dann lässt er los. Ich japse nach Luft und er kommentiert »Geht doch! Jetzt leck mir die Eier!«

Er legt sich auf den Rücken, spreizt die Beine noch weiter, zieht die Knie an und ich nuckle an seinem Sack, sauge seine Klunker ein, sein Kolben liegt neben meiner Nase, ich klammere mich an seine Arschbacken und reibe mein Gesicht zwischen seinen haarigen Oberschenkeln.

»Genug! Dreh dich um!« Kaum liege ich auf dem Rücken, sitzt er schon auf mir, sein Hintern presst mich auf die Matratze und wetzt über mein Gesicht. Ich strecke die Zunge raus, speichle seine Ritze ein, ein heißer Arsch, ein geiles Loch, ich kriege gar nicht genug … und als nun noch Andreas' Hand nach meinem zuckenden Rohr greift, geht mir sofort einer ab … was für ein Mann!

»Nicht schlecht! Dafür, dass du heute schon ein paar Mal …« Er setzt sich neben mich, und ich sehe, er hat meinen Schmodder in seiner Hand. »Das nehmen wir als Schmiermittel, wenn wir weitermachen. Soweit ich gehört habe, kannst du gleich wieder.« Er taucht einen Finger in meine Soße, benetzt damit seinen Pfeifenkopf, und steckt mir den Finger dann in den Mund. Das ganze mehrere Male, und mit jedem Mal wandert der Finger ein Stück weiter in meinen Rachen. Schließlich kniet er sich neben mich, presst seine Eichel auf meine Lippen, ich öffne den Mund, lasse mir seinen Harten reinstecken, schmecke mein eigenes Sperma, und merke, wie sich bei mir unten wieder was tut.

Andreas merkt es auch. »Das ging ja schnell!« Er legt sich neben mich, schmiert seinen Schwanz mit dem Rest meiner Sahne ein und fordert mich auf, ihn zu reiten. »Hock dich drauf! Ich will dich sehen, wenn ich's dir besorge! Komm!«

Und ich schwinge mich über ihn, kralle mir seinen Riemen, setze an meiner Rosette an, lasse mich fallen, und … wow! Das ist vielleicht ein Schwanz! Mein Loch sprengt es beinahe, so ein Kaliber hat er! Und trotzdem spüre ich keinen Schmerz, es ist geil, einfach nur geil, als sich mein Hintern an seine Lenden presst. Nun will er, dass ich ein wenig hochkomme, und dann hämmert er mich von unten, ich stütze mich an seinen Schultern ab, seine Augen fixieren mich, und er fickt, stopft, bockt mich, labert dazu.

»Spritz ab! Los! Du kleine Nutte, kriegst nie genug, was …«, und er füllt mich ab, rotzt ab, lädt in mir ab, ich wichse mich selbst wie bekloppt, komme noch mal, dann falle ich auf seine Brust und alles um mich verschwimmt, Hände umklammern mich, und dann bin ich weg, einfach weg …

Als der Zapfen aus meinem Loch flutscht, komme ich wieder zu mir.

»Nicht schlecht«, flüstert Andreas. »Das wievielte Mal heute war das jetzt?«

Ich muss überlegen. Als ich Oleg abgesaugt habe, habe ich selbst nicht, … aber dann mit Fabian, beim Direktor, im Keller, als mich alle vier gebumst haben, und jetzt zweimal in diesem Bett … »Das fünfte Mal!« Ich bin fast ein wenig stolz.

»Nicht schlecht!«, wiederholt er sich. »Fleißige Eier hast du da!« Seine Hand greift nach meinem Sack, und spielt damit. »Keine Sorge, ich will nicht noch mal. Für heute reicht's. Spaß gehabt?«

»Und wie! Sonst wäre ich nicht zweimal gekommen, oder?«

»Vermutlich. Gute Nacht, du kleine Nutte!«

Durchgeorgelt im Waschkeller

Kein Schlüsselklirren, niemand wälzt sich im Bett über mir, einfach so bin ich wach geworden, Andreas schläft noch.

Was ist gestern alles passiert! Was wird heute sein? Die nächsten Tage? Ich muss wieder selbst Entscheidungen treffen, das war mir die letzten Monate abgenommen worden.

Ich glaube, hierher zu kommen, war richtig. Nicht nur mangels realistischer Alternativen.

»Was überlegst du?« Andreas ist aufgewacht, beobachtet mich.

»Was gestern alles war, dass hier nicht abgesperrt ist ...«

»Wäre schön, wenn du trotzdem nicht sofort gehst.« Er schlägt seine Decke zurück und eine Morgenlatte springt mir entgegen. »Willst du?«

Ich greife nach dem Kolben. »Das wollte Oleg auch oft.« Ich beuge mich über Andreas' Schoß, doch er hält mich auf. »Ich habe gefragt, ob *du* willst! Nicht, was Oleg wollte!«

»Natürlich will ich! Ich wollte auch im Knast!« Und damit saugt sich mein Mund an dem Pilzkopf vor meiner Nase fest. Und ich höre ein leises »Kleine Nutte!«

Ich lasse meine Zunge spielen, meine Lippen, knete sanft den Eiersack, speichle einen Finger ein, taste damit sein Loch ab, und als er nicht abwehrt, erkunde ich vorsichtig seinen Hintereingang, was den Riemen in meinem Rachen sofort weiter anschwellen und kurz darauf abspritzen lässt.

Ich werfe mich auf den Rücken, lecke den Finger, der gerade in seinem Arschloch steckte, noch mal ab, bohre ihn mir selbst hinten rein, und dann gebe ich Zunder, versaue meinen Bauch mit meiner Morgenmolke.

»Wir sollten aufstehen«, sagt Andreas. »Sepp kommt zum Frühstück, dann holen wir dein Zeug.«

»Andreas, danke. Für alles. Ich weiß nicht, was ich …«

»Du musst dich nicht ständig bedanken. Du musst es auch nicht mit mir machen, weil du dich irgendwie verpflichtet fühlst. Das ist ernst gemeint!«

»Du musst mich auch nicht ständig fragen, ob ich will. Das ist auch ernst gemeint!«

»Du kleine Nutte!«

Bernauer hat frische Semmeln mitgebracht, es gibt Schinken, ein weiches Ei, guten Kaffee, ich haue richtig rein.

»Da hat jemand Nachholbedarf«, stellt Andreas fest.

Mampfend stimme ich zu. »Das Frühstück, das wir gekriegt haben …«

»Na ja«, wirft Bernauer ein, »manchmal habe ich in der Wäscherei was ausgegeben.«

»Stimmt. Dein Kaffee war besser. Du warst überhaupt ein guter Chef. Danke, Sepp. Auch, dass ich bei dir hätte wohnen können. Vielen Dank. Und … darf dir einen Brief für Fabian mitgeben? Bitte!«

Er wird ernst. »Du kannst mir einen Brief mitgeben, ist zwar nicht korrekt, aber du wirst ihm schon keinen Fluchtplan unterbreiten. Aber, Daniel, steigere dich da nicht in was rein. Ich weiß, du und Fabian, ihr hängt aneinander, aber er ist nicht schwul. Vergiss das nicht. Schreib ihm und besuch ihn auch mal, du wirst ihm fehlen. Ihr habt euch in eurer Lage gegenseitig gestützt. Aber außerhalb des Knastes hättet ihr beide euch doch nie getroffen.«

»Ich weiß nicht …«

»Sei Realist, Daniel. Vielleicht bleibt ihr befreundet, wenn er rauskommt, aber mehr kann das nicht werden. Er ist nun mal nicht schwul.«

»Aber wir haben ziemlich oft in deiner Wäscherei …«

»Das weiß ich. Und sicher mag er dich, aber mit wem anderen als dir hätte er denn seine sexuellen Bedürfnisse stillen sollen? Ich will nur, dass du nicht verrennst. Er wollte doch zum Beispiel nie mit mir was machen. Und so hässlich bin ich auch wieder nicht.«

Fast ungewollt muss ich grinsen. Ich dachte nicht, dass sich Sepp so viel Gedanken um mich macht, und so ganz von der Hand zu weisen ist es nicht, was er sagt. Aber ich will jetzt nicht darüber nachdenken.

Andreas meinte, wir sollten los, mein Zeug holen, und wir sind mit dem geliehenen Lieferwagen aufgebrochen.

Ich habe mit all den Entlassungspapieren unter anderem ein offizielles Dokument bekommen, gemäß dem ich von … bis … in der JVA …, aber bis zum Abschluss des Verfahrens nach Wiederaufnahme als unschuldig gelte und so weiter.

Eine Kopie dieses Schriebs drücke ich Tommi, der die WG-Tür öffnet, in die Hand. »Hier. Kannst du an die Pinwand hängen! Für alle!«

Er überfliegt den Text, und er muss wissen, was »Wiederaufnahme« bedeutet, er studiert Jura. »Daniel, wir wussten doch nicht ...«, will er ein Gespräch anfangen.

»Nein, ihr wusstet nicht!« Ich schreie jetzt. »Es hat euch ja auch nicht interessiert! Ihr hieltet es nicht mal für nötig, mit mir zu reden! Das wäre möglich gewesen! Wenn man gewollt hätte!«

Türen gehen, Köpfe und Gestalten tauchen im Flur auf, ich kenne alle, bis auf den, der aus meinem Zimmer kommt. Und ausgerechnet der macht nun den Mund auf. »Ist das der Perverse?«

Ich würde mich auf diesen Kerl stürzen, wenn mich Bernauer nicht festhielte. »Nicht, Daniel. Nicht wegen dem.«

Ich zittere vor Wut, aber jetzt geht Andreas dazwischen. »Vorsicht! Noch ein solches Wort und Sie hören von mir als Anwalt! Ist das klar? Mein Mandant wird jetzt sein Eigentum mitnehmen und wir erwarten, dass ihm alles übergeben wird.«

Meine Kopie ist inzwischen weitergewandert, ich sehe allen das schlechte Gewissen an, aber nur Tommi hat wenigstens den Anstand, sich zu entschuldigen und zu fragen, ob er helfen könne. Die anderen schauen betreten zu Boden.

Ich werfe einen Blick in meine ehemalige Behausung. Die Möbel sind noch da, aber voll mit dem Zeug des Nachmieters. Er hat nicht ausgeräumt.

Andreas sieht es auch. »Sie haben eine halbe Stunde«, sagt er. »Dann nehmen wir die Möbel mit.«

Es lief dann relativ problemlos. Tommi hat uns in den Keller geführt, da waren noch mein Rad und etliche Umzugskartons, und zurück in der Wohnung haben wir niemand gesehen, aber Schreibtisch, Schrank, Regale waren leer. Und in der Mitte des Raums ein großer Haufen Klamotten, Ordner, Bücher, CDs. Ich hoffe, der Typ muss heute auf dem Fußboden schlafen.

Wir haben abgebaut, alles in den Wagen geschafft, und dann habe ich noch aus der Küche, wo alle beisammensaßen und sofort verstummten, als wir reinkamen, an Geschirr und Kleingeräten mitgenommen, was mir gehört. Toaster. Mixer. Wasserkocher. Mikrowelle.

Keiner hat etwas gesagt.

Sollen sie doch sehen, womit sie morgen ihren Tee kochen und ihr Brot rösten.

Wir haben unterwegs eine Currywurst mit Pommes eingeworfen, das hatte ich mir gewünscht. Dann wollte ich in einen Supermarkt, wenigstens ein paar Grundnahrungsmittel besorgen, aber Andreas meinte, er hätte genug Vorräte.

Bernauer und er haben noch geholfen, meine Möbel wieder aufzubauen, dann haben sie mich allein gelassen. Ich solle mich in Ruhe einrichten.

Ich habe die Kisten ausgepackt und grob sortiert, es scheint zumindest alles da zu sein. Allerdings muss vieles gewaschen werden, Klamotten, Bettwäsche, Handtücher riechen muffig.

Andreas hat mir die Maschine im Keller gezeigt, Bernauer ist mitgekommen, und nun hocken wir zu dritt in der »Knastküche« unten und warten.

»Fast wie bei uns, was, Daniel?«, meint Sepp. »Wir warten auf die Wäsche.«

»Und wie habt ihr euch die Wartezeit vertrieben?«, möchte Andreas wissen.

»Wollen wir's ihm zeigen, Daniel?«

Ich sehe mich in der Küche um. »Ja. Wo?«

»Leg dich über die Waschmaschine!« Und zu Andreas sagt er: »So haben wir's beim ersten Mal gemacht.«

Ja, ich erinnere mich. Auf einer ruckelnden Maschine hat Bernauer mich das erste Mal gebumst.

In der Waschküche ziehe ich mich untenrum aus, breite noch ein Handtuch über die zwischen Trockner und einer Wand eingebaute Maschine, warte. Sepp und Andreas kommen herein, beide in Uniform. Ich gehe in die Knie, und als sie vor mir stehen, lasse ich meine Finger über ihre Hosen wandern. Was sich dahinter verbirgt wächst und wächst, ich befreie die Kolben aus ihren Gefängnissen, prall und rund recken sie sich mir entgegen. Ich wechsle ab, sauge rechts, wichse links, rubble rechts, blase links, beide sind schweinegeil, sie lassen mich machen, bis es mir selbst zu viel wird und ich mich über dieses vibrierende Miele-Teil beuge, gespannt, wer sich als erster über mich hermachen wird.

»Alter vor Schönheit!« Andreas lässt Bernauer den Vortritt, der zeigt ihm einen Stinkefinger, schmiert sich und mich ein und dann steckt er schon in mir. Diese Maschine hier ist nicht so hoch wie das Teil im Knast, hier liegt mein

Loch grade so in Fickhöhe für seinen Kolben, und richtig kraftvoll tobt er sich in meiner Kiste aus.

Eine Hand greift nach meiner, führt sie in meinem Rücken zu einem steifen Rohr, das sich meine Finger sofort krallen.

»Willst du?« fragt Bernauer, und Andreas muss genickt haben, denn sie wechseln die Positionen und ein anderer Riemen besorgt's mir jetzt, gleiches Format, King Size, und meine Hand rubbelt das glitschige Ding, das eben noch in meinem Arschkanal steckte.

Andreas macht es offensichtlich mächtig an, dass er ein vorgewärmtes Loch stopft, mit Schmackes haut er sich in mich rein, jetzt beginnt auch noch die Maschine zu schleudern, mein ganzer Körper zittert mit, ein paar besonders heftige Stöße kriege ich noch ab, dann beginnt das Spritzfeuerwerk in meinem Darm, mit lautem »Ja! Ja! Ja!« füllt Andreas mich ab.

Bernauer drängt ihn sofort zur Seite, schneller Stabwechsel, »Sepp, mach!« schreie ich, »mir kommt's gleich!«, die Maschine legt einen Zahn zu, Sepp auch, zugleich lasse ich vorne Sperma ab und kriege hinten neues eingefüllt, ein paar Nachstöße noch in meine flutschige Fotze, die letzten Spritzer seiner Soße verteilt Sepp auf meinen zuckenden Arschbacken.

Meine beiden Ficker haben ihre Schwänze gewaschen, ich mich mit einem zum Waschen bereitliegenden Handtuch abgewischt, die Waschmaschine ist fertig, ich fülle das Zeug um in den Trockner und starte den, ebenso gleich eine zweite Trommel Wäsche. Nun warten wir wieder in der Küche.

»Daniel«, sagt Bernauer, »wenn du Fabian noch schreiben willst … ich würde dann gehen. Und von diesem Keller hier sollte er nichts wissen.«

»Natürlich nicht.«

Andreas gibt mir Stift und Block und ich berichte von der Entlassung, meiner Wohnung, der Aktion in der WG, einer Nacht allein in einem Gästezimmer …

Der Trockner läuft mit der zweiten Ladung Wäsche, dann sollte ich für heute damit aufhören, sagt Andreas. »Damit das fertig ist, wenn wir später noch Besuch kriegen.« Ich schaue wohl etwas verwirrt, und so erklärt er: »Heute Abend kommen zwei, die die Zelle gebucht haben. Wenn du magst, können wir zuschauen, die stehen da drauf.«

Ein Herr und sein Sklave

Wie war denn so die Verpflegung?«, fragt Andreas, während er Schnitzel in die Pfanne haut und ich Salat mache.

»Na ja. Es ging. Die erste Zeit gab's immer Würstchen, dann Bratlinge.«

»Du wohnst allein in diesem großen Haus?«, will ich dann beim Essen wissen.

»Ja, seit meine Eltern in Italien sind. Die Kanzlei unten hatte mein Vater schon, ich bin da reingewachsen. Fälle wie deinen, also Strafrecht, mache ich gar nicht so viel. Das Meiste sind Wirtschaftssachen, speziell mit Osteuropa.«

»Hast du was mit Olegs Geschäften zu tun?«

»Ja, gerade jetzt, solange er einsitzt. Ich habe einige Vollmachten von ihm. Aber ich war vorher schon für ihn tätig. Und weil er mich kannte, ist er zu mir gekommen, nachdem er den Dealer, oder, wie er sagt, Mörder, seines Bruders krankenhausreif geschlagen hatte, blöderweise auch noch vor Zeugen. Ich habe ihm zwei Möglichkeiten aufgezeigt: Er verschwindet für immer nach Russland, die würden ihn weder einsperren noch ausliefern, oder er stellt sich und akzeptiert das Urteil hier. Letztlich schien ihm die hier zu erwartende Haft nicht so schlimm wie der Rest seines Lebens dort.«

»Wird er nicht abgeschoben, nach Verbüßung der Strafe?«

»Nein. Er ist mit einer Deutschen verheiratet.«

»Also ist er nur knastschwul?«

»Nein, Oleg ist schwul. Die Pseudo-Ehe führt er wegen der russischen Geschäftspartner, Homosexualität ist in Russland immer noch ein absolutes No-Go. Auch deshalb lieber der Knast hier bei uns.«

»Gut, verstehe ich soweit. Und Max und Sepp kennst du aus der Szene. Wie kommt der Direktor ins Spiel?«

»Auch aus der Szene. Sepp und er wissen schon lang voneinander. Max und ich sind später dazu gekommen.«

»Und wieso darf Oleg im Knast machen, was er will? Nein, vergiss es … will ich gar nicht hören. Ich weiß, was ich ihm und dir verdanke. Von mir wird niemand was erfahren.«

»Daniel, versteh doch: Bei einem Fall wie deinem sehe ich mal wieder den Sinn meines Berufes. Deshalb habe ich mich darum gekümmert. Dass du mitkommst hierher und was sich daraus ergeben hat, konnte ich doch nicht voraussehen.«

»Stimmt. Konntest du nicht. Ich werde mich nicht mehr bedanken, aber ich vergesse nicht, warum ich frei bin. Und es hat sich was ergeben, weil du mir gefällst und ich dich mag, nicht wegen irgendwas anderem. Du musst wirklich nicht immer fragen, ob ich will!«

Er sieht mir in die Augen. »Ja. Du bist so. Ab jetzt werde ich dich einfach nehmen und durchficken, wenn mir danach ist.«

Allein diese Vorstellung lässt meine Rübe schon anschwellen. »Jetzt?« frage ich.

Kopfschütteln. »Wir gehen jetzt in den Keller und ziehen uns um. Moment.« Sein Telefon summt, er wirft einen Blick darauf. »Das ist Oleg.«

»Lass mich! Bitte!« Ehe er das Gespräch annimmt, gehe ich dazwischen, melde mich mit: »Kanzlei Bergmann, Schuler am Apparat, guten Abend, was können wir für Sie tun?«

Andreas prustet in die vorgehaltene Hand und von Oleg kommt gar nichts. »Hallo? Können wir Ihnen helfen?«, hake ich nach, und nun hat er meine Stimme erkannt.

»Kleiner, was machst du … ist Bergmann nicht da?«

»Doch, er ist da. Wir haben gerade gut gegessen. Was gab's bei dir?« Er kann ruhig neidisch werden. »Ich verbinde. Moment bitte.«

Andreas kriegt sich gar nicht mehr ein vor Lachen und es dauert, bis er mir das Telefon abnimmt. »Oleg? Chto sluchilos?« Er redet russisch, das meiste verstehe ich, erst geht es um mich, und dann irgendwelche Autoexporte.

»Morgen muss ich was tun«, stöhnt Andreas nach Beendigung des Gesprächs.

»Ja, du musst klären, auf welchem Weg die Karren am Besten verschoben werden sollen. Und ich bin sehr nett zu dir, hast du gesagt.«

Völlig entgeistert starrt er mich an. »Du kannst Russisch?«

»Ich dachte, das weißt du. Ich hatte acht Monate Intensivkurs mit Muttersprachlern.«

»Boah, Respekt! Darüber reden wir noch. Aber jetzt müssen wir runter.«

Ich soll nur meine Knast-Unterwäsche anziehen, sagt Andreas. Er verwandelt sich in einen Aufseher, volle Montur, mit Stiefeln, Schirmmütze, Handschellen, Schlagstock … so habe ich ihn noch nicht gesehen, und ich bin schwer beeindruckt, die Rolle nimmt man ihm jederzeit ab. »Du sagst nur was, wenn Kurt dich direkt anspricht!«, schärft er mir ein. »Wir beide reden russisch. Und red ihn mit ›Sir‹ an!«

Punkt acht klopft es, und bei den beiden Kerlen, die Andreas hereinlässt, sieht man sofort wer der Meister ist, obwohl sie im gleichen Alter, um die vierzig, und auch gleich groß sind, aber das Auftreten des einen ist, nun ja, ein *Herr* eben, der andere trottet mit gesenktem Blick hinterher und wird mit »Verschwinde und zieh dich aus, du Schlampe!« gleich in die Zelle gescheucht. Dann wendet der Herr sich an Andreas: »Der Kerl hat sich wieder auf einer Klappe rumgetrieben!«, und, als er mich im Einheitsgrau sieht, »Was hat er denn ausgefressen?«

»Der«, sagt Andreas, »ist mein Knecht. Wenn ihr fertig seid, ist er dran!«

»Soll ich ihn mir vorknöpfen? Ich bin grade in Stimmung …«

»Lass mal, das mach ich schon. Kümmere du dich um deinen Hubsi!«

Während der Unterhaltung sind die beiden in dem Lagerraum verschwunden, mit einer Handbewegung hat mir Andreas bedeutet, nicht zu folgen, und nach ein paar Minuten treten zwei Uniformierte in den Flur. Bei Andreas sowieso, aber auch bei dem anderen … ich könnte schwach werden. Der Fremde verschwindet in der Zelle und nun winkt mich Andreas zu sich, flüstert »Lass mich machen!« und öffnet etwa auf Hüfthöhe die Durchreiche in der Zellentür einen Spalt. »Du kannst hier schauen. Ich kucke oben.«

Ich setze mich auf den Boden, Andreas stellt sich, mit einem Fuß zwischen meinen Beinen, so hin, dass sein Gemächt direkt vor meiner Nase ist, und schaut durch den Türspion weiter oben.

In der Zelle sehe ich die knackige Rückseite des Herrn, zu dessen Füßen sein Partner, völlig nackt und eifrig stiefelleckend. In meiner Hose rührt sich was, und was mir Andreas da gegen eine Wange presst, ist auch ziemlich hart. Ich lasse mal kurz die Zelle Zelle sein, lege den Anwaltsschwanz frei und nehme ihn gleich in den Mund. Andreas war noch pissen, ehe wir runter gegangen sind und das schmeckt man.

Es gelingt mir, zu blasen und mit einem Auge zu verfolgen, was hinter der Tür so passiert. Der Meister blafft den Sklaven an, wie oft er es sich auf dem Klappenklo habe besorgen lassen, der stammelt »Dreimal, Sir!«, worauf der Herr seinen Gürtel löst und damit auf den Arsch der sich windenden Sau eindrischt.

»Danke, Sir! Danke, Sir! Danke, Sir!«, schreit die Schlampe bei jedem Schlag, und als der Herr sich umdreht, und ich nun von vorne sehe, wie er seinen Schwanz auspackt, geht das Schwein sofort in Stellung, lässt sich den Kolben ins Maul schieben, reckt seinen Arsch der Tür entgegen und die roten Striemen auf seinem Hintern lassen nicht nur erahnen, wie heftig er versohlt worden ist.

»Fick mich, Sir!« bettelt er, »bitte fick mich!«, er spreizt die Fotze, obwohl sein Herr das ja gar nicht sehen kann, »Bitte! Fick mich!«, und dann geht ihm einer ab, wimmernd ergießt er sich auf den Boden, er bläst nicht mehr, er schmiegt seine Wangen an die Stiefel seines Herrn, »Danke, Sir, danke, Sir!«

»Hat dir irgendjemand erlaubt abzuspritzen?«, schreit der Meister, und erneut treffen kräftige Gürtelhiebe den roten Arsch. »Leck deine Sauerei auf! Los!«

»Ja, Sir! Ja, Sir! Verzeihung, Sir!« Der Sklave leckt sein eigenes Sperma vom Fußboden, den Hintern weiter in die Höhe gereckt, einzelne Schläge knallen auf ihn herab, und der Meister wichst sich hart, spuckt sich in die Hand, direkt vor meinem Augen bohren sich seine Finger in den Rotarsch. Der jault auf, doch er kennt seine Rolle, bleibt in Position, Gesicht am Boden, Hintern in der Höhe, und sein Herr tritt nun hinter ihn und sticht ihn an, versenkt seinen Meisterkolben im Loch des Sklaven, ob der das geil findet, interessiert ihn nicht, er vögelt sich aus, wenn er ausholt ist sein Mackerarsch ganz nah an meinem Schiebefenster, fast könnte ich mit meiner Zunge daran lecken. Ich sehe sicher viel mehr als Andreas oben, trotzdem ist dessen Kolben in meiner Schnauze immer härter geworden, seine Hand hat meinen Kopf gepackt, er fickt mich ins Maul, der Zellenmacker kommt, so wie er sich in das Loch vor ihm knallt, wie er brüllt, wie seine Arschbacken arbeiten, er besamt die Stute, und mir geht in der Unterhose einer ab. Ich habe gar nicht hingefasst, es kommt einfach und strömt aus mir raus. Andreas merkt, was los ist, intensiviert seine Stöße, hält mich an beiden

Ohren, stopft mir das Maul, bis er endlich in mir abspritzt und mir seine Sahne eintrichtert.

Nach einer Verschnaufpause schickt er mich in die Küche, ein paar Minuten später kommt er selbst nach. »Kurt will sich dich auch vornehmen.«

Entsetzt schüttle ich den Kopf. »Nein, Andreas, nein, so nicht …«

»Du musst nicht. Aber ziehst du dich für ihn aus? Nichts weiter.« Dazu nicke ich.

»Gut. Du machst nur, was *ich* dir sage! Wenn du etwas wirklich nicht willst, sag's auf Russisch, ›Ya ne khochu!‹, dann weiß ich, es ist ernst gemeint. *Nein* oder *nicht* oder *Aufhören*, macht ihn nur noch mehr an – und mich auch.«

Andreas setzt sich, ich soll stehen bleiben, Hände hinter dem Rücken, der nasse Fleck auf meiner Unterhose ist nicht zu übersehen, es ist offensichtlich, was da passiert ist.

Der Macker sieht es natürlich auch, als er hereinkommt. »Durfte er abspritzen?«

»Durfte er nicht«, antwortet Andreas. »Und es wird ihm noch leid tun. Was zu trinken?«

»Ja, bitte. Woher hast du ihn denn?« Sein Interesse an mir ist nicht zu übersehen.

»Prinesite nam dva piva!«, ordert Andreas, und ich nicke. »Da, ser.«

Als ich zwei Flaschen Bier auf den Tisch stelle, erklärt er: »Er ist frisch aus dem Knast. Gestern entlassen!«

»Eine echte Knastfotze?«, staunt der Fremde. »Russe? Versteht er uns?«

Als Andreas nickt, verlangt der Herr, ich solle mich ausziehen, doch ich schüttle den Kopf. »Njet, ser.«

»Hat er jetzt vielleicht ›Nein‹ gesagt?«, fragt Kurt ungläubig.

»Hat er. Er hört nur auf mich.« Und dann herrscht Andreas mich an »Razdevaysya!«, und nun mache ich mich wie befohlen nackt, stelle mich mit spermaverschmiertem Schwanz in die Mitte des Raums, drehe und bücke mich auf Kommando, kriege einen Steifen, nur weil ich beglotzt werde.

»Den musst du aber noch ordentlich erziehen!«, kommentiert der Macker. »Wie kommt er dazu, sich unaufgefordert aufzugeilen?«

»Er wird noch lernen, wie er sich zu benehmen hat. Dafür sorge ich schon, keine Bange!«

»200, wenn ich ihn abrichten darf!«

Nun wird mir doch mulmig. Was hat Andreas mit mir vor?

»Heute nicht. Heute werde ich ihm Manieren beibringen!«

Ich stehe mit abstehendem Riemen dabei, während die beiden ihr Bier trinken. Dann verschwinden sie, ich kriege bedeutet, hier zu bleiben, nach einiger Zeit höre ich eine Verabschiedung und danach die Kellertür.

»Kurt meinte, ich soll dir sofort den Arsch versohlen«, sagt Andreas ganz ernst, als er zurückkommt.

»Was?« stammle ich. »Nein … ich …«, und Andreas merkt, ich habe wirklich Bammel.

»Keine Angst. Das mach ich nur, wenn du unartig bist.

Aber du warst ja brav.« Jetzt grinst er. »Zieh dich doch an. Gut gelaufen, oder? Hier, dein Anteil.« Er gibt mir einen Fünfziger.

»Was? Fürs Ausziehen?«

»Ja. Du hast doch gemerkt, wie du ihn angemacht hast. Er hat mir 100 Euro geboten, wenn er dich ficken darf. Ich habe gesagt, für 50 darf er schauen. Und dass er für Verprügeln 200 zahlen würde, hast du ja gehört. Der ist total heiß auf dich.«

»Der zahlt 50 fürs Glotzen?«

»Es ist nicht sein Geld. Der andere zahlt.«

»Was??«

»Ja, der zahlt dafür, dass sein Herr seinen Spaß hat. Die beiden kommen immer mal wieder, offensichtlich wollen sie es beide so. Jedem das seine.«

Ich werd dich noch bumsen

Im Treppenhaus habe ich nicht gewusst, ob ich hoch zu mir gehen soll, da ist ja nun mein Bett und ich könnte da schlafen, doch Andreas hat mich im ersten Stock in seine Wohnung geschoben. »Ich werd dich noch bumsen!«, hat er gesagt. Keine Frage, ob ich will, einfach eine Feststellung, nicht anzuzweifeln.

Und dann hat er mich genommen, in seinem Bett. Ohne langes Vorspiel musste ich mich auf den Bauch legen, er hat mein Loch eingeschmiert, und schon war er auf mir und sein Riemen in mir. In aller Ruhe hat er mich gebumst, keine Hektik, keine Verrenkungen, ich hatte natürlich trotzdem eine Latte, bin aber nicht drangekommen. Er hat seinen Schwanz gar nicht rausgezogen und wieder reingesteckt, er lag einfach so ganz auf mir, sogar seine Arme auf meinen, seine Beine auf meinen, sein Kopf auf meinem, und nur sein Becken hat er bewegt, mit seinen Lenden meinen Hintern zusammengepresst.

Ich weiß nicht, wie lange das so ging, es war auf jeden Fall sehr lange, kann durchaus eine halbe Stunde gewesen sein, in der er auch kein Wort sagte, nur zufriedenes

Stöhnen war zu hören, er schien so ganz mit sich und der Welt im Reinen.

Ich habe mich fallen lassen, habe es genossen, so beschützt unter einem Mann zu liegen, mein Loch wurde immer geschmeidiger, und irgendwann, unvermutet, kam aus tiefster Brust ein »Jaaah!« und ich fühlte, wie er meinen Arschkanal mit seinem Sperma flutete.

»Das war schön!« flüstert er mir ins Ohr. »Hat's dir auch gefallen?«

»Mhm! Bleib drin! Darf ich auch?«

»Wieso denn nicht?« Er dreht sich, uns, zur Seite, fasst nach meinem Steifen, und da geht es schon los, ich kann gerade noch die Hand vor meine Nille halten, spritze alles da rein und lecke es dann ab, schlucke, zutiefst befriedigt, meine eigene Soße.

Keine Frage, dass ich hier schlafe, und auch keine Frage, dass ich wieder eine Morgenlatte absauge.

Beim Frühstück spreche ich noch mal den letzten Abend an. »Andreas, gestern, das war das erste Mal, dass ich Geld für so was bekommen habe. Und ihr habt über mich geredet wie über irgendein Objekt. Ich bin aber *jemand*!«

»Natürlich bist du jemand, auch für Kurt. Und ich habe doch extra gefragt, ob du dich für ihn ausziehst.«

»Schon klar, und du hast ja gesehen, wie ich reagiert habe, als der mich angestarrt hat. Da kann ich nichts machen, ich bin so. Aber ich bin keine Nutte!«

»Aber dein Schwanz reagiert auf dieses Wort. War nicht zu übersehen.«

»Ich weiß. Die Situation hat mich angemacht, und dann

wird er sofort hart. Aber als du mich angepflaumt und zu dem Typ gesagt hast, es wird mir noch leid tun, dass ich abgespritzt habe, da habe ich nicht gewusst, ob du das ernst meinst und …«

»Und deshalb hast du danach im Bett gefragt, ob du auch darfst … verstehe. Ich dachte, dir ist klar, dass das für Kurt war. Der steht auf solche Sprüche, und auf die Art, wie wir über dich geredet haben. Wenn ich es erlaubt hätte, hätte er sofort das Geld auf den Tisch geknallt und wäre vor meinen Augen über dich hergefallen. Hätte ich gern gesehen, weil du das aber nicht wolltest …«

»So wie der den anderen hergenommen hat, wollte ich es nicht. Grundsätzlich vielleicht schon …«

Andreas ist in seiner Kanzlei, ich bin oben bei mir, putze die Möbel, ehe ich nach und nach mein Zeug verstaue. Ich schreibe Listen, was ich alles brauche, was ich unbedingt und möglichst bald erledigen muss und wühle mich durch die Post, die meine WG gesammelt hat. Zum Glück funktioniert mein Laptop noch, natürlich quellen alle Postfächer über, aber das Meiste kann ich unbesehen löschen.

Die Zimmer wirken kahl, ich bin aus einem 16 qm WG-Zimmer in eine 60 qm Wohnung gezogen, aber wenn ich mal Arbeit und Geld habe und hier bleibe … es kann schön werden.

Ich sitze am Schreibtisch, hefte ab, was aufhebenswert ist, als nach einem Klopfen Andreas hereinkommt. »Wie ist es mit einer Pause? Ich hab was Kleines zum Essen gemacht.«

Mir war gar nicht bewusst, wie spät es schon ist, Hunger

habe ich auch, also gehen wir runter. Morgen muss ich dringend Lebensmittel kaufen, ich kann nicht immer bei ihm essen.

»Willst du oben weitermachen? Oder einfach allein sein? Oder raus? Ich weiß nicht, wie man sich fühlt, so nach … wieviel Monaten hinter Gittern?«

»Mit der U-Haft elf. Fast ein Jahr. Ich will raus. Ins Freie. Wenn du Zeit hast, zeig mir die Umgebung.«

»Erzähl mir von dir!«, bittet Andreas, als wir loslaufen. »Was hast du alles gemacht, bis vor einem Jahr?«

»Ich komme aus der tiefsten Provinz. Die Hauptsorge meiner Eltern ist, die Nachbarn könnten erfahren, dass ihr Sohn schwul ist. Nach der Realschule habe ich bei einem Großhändler eine kaufmännische Ausbildung gemacht und danach dort gearbeitet, bis ich genug Geld hatte, um in die Stadt zu ziehen. Hier war ich bei einem Autohändler, gut ein Jahr, bevor sie mich eingesperrt haben. Und das ist eigentlich schon alles.«

»Wenn das so ist, fordern wir nach dem Prozess auf jeden Fall die Nachzahlung von entgangenem Einkommen und Rentenbeiträgen, da werden sie nicht auskommen, es gibt schon Präzedenzfälle. Es wird dauern, aber du kriegst zumindest Geld, auch wenn dir das die verlorene Zeit nicht zurückbringt.«

»Nein. Aber ich will nicht zurückschauen. Ich will neu anfangen. Wenn ich eine Stelle finde, möchte ich auf jeden Fall in der Dachwohnung bleiben. Bitte!«

»Kannst du, habe ich doch gesagt. Egal, wozu du dich sonst entscheidest. Willst du ein Eis?« Wir sind durch einen Park gelaufen und stehen nun vor einem Café.

»Ja, bitte. Aber auf die Hand, ich möchte weiter rumlaufen.«

»Ein Freund? Freunde?«

»Wenig und nichts Festes. Kollegen und die WG. Aber keiner hat mich mal besucht oder meine Briefe beantwortet.« Ich winke ab. »Das ist vorbei. Ich will nicht daran denken. Was haben dir denn Oleg, Max und Sepp von mir erzählt?«

»Na ja, Max sagt, du hast die halbe Bücherei durchgelesen. Sepp, du bist zuverlässig und sorgfältig, und es war zwar keine anspruchsvolle Arbeit, aber man kann trotzdem schludern. Ich werde für dich auch da noch ein Zeugnis anfordern, kann nicht schaden. Und Oleg sagt, du wärst immer nett gewesen. Ich weiß, was er damit meint. Und dass er nicht immer einfach zu haben ist.«

»Stimmt, am Anfang hat es auch manchmal geknirscht, aber ich habe bald gewusst, wie ich ihn zu nehmen habe. Und er hat akzeptiert, dass ich *jemand* bin und nicht *etwas*, und dass man mich nicht nur ficken, sondern mit mir Schach spielen und Russisch üben kann.«

»Danach wollte ich auch fragen: Lesen, Schach und Russisch ist so gar nicht typisch für jemanden in ... ich sag jetzt mal *unserem* Alter ... was denkst du, wie alt ich bin?«

Heikle Frage. »Dreißig?«

»Fast. Neunundzwanzig. Aber wie bist du zu diesen Hobbys gekommen?«

»Schach, weil ein Lehrer, auf den ich gestanden bin, das in der Schule angeboten hat. Lesen, weil ich mich so mit dreizehn, vierzehn, als mir klar wurde, was mit mir los ist, ziemlich zurückgezogen habe und viel allein war. Und

Russisch, weil ich verstehen und mitreden wollte, wenn die anderen sich in der Zelle unterhalten haben.«

»Gefällt mir …«

Wir sind zurück in Andreas' Haus.

»Daniel? Ich habe heute Vormittag mit Richard telefoniert. Er möchte dich mal kennen lernen. Willst du heute Abend allein sein, oder zu zweit, oder soll ich ihn einladen?«

»Vielleicht nicht grade heute, sonst gern. Ich wollte jetzt oben bei mir noch was tun und dir dann in der Küche helfen. Und vielleicht kannst du noch anschauen, was ich morgen vorhabe, ich habe bestimmt was vergessen.«

»Gut, dann komm so gegen sechs runter, das reicht.«

Nach dem Essen sind wir mit dem Rest einer Flasche Wein rauf zu mir. Andreas war sehr angetan von meinen Zeugnissen, wir waren uns einig, dass für morgen Arbeitsamt, Polizei, Meldebehörde und mein letzter Arbeitgeber am wichtigsten sind, haben in seinem Büro noch einiges kopiert, nun sitzen wir in meiner Küche, da sind zumindest ein kleiner Tisch und zwei Stühle.

»Was hättest du heute im Bau gemacht?«, will Andreas wissen.

»Heute … Sonntag … Vermutlich hätten mich in der Früh beim Duschen schon einige Morgenlatten erwartet, vormittags Lesen oder Lernen, nach dem Essen was spielen, außer irgendjemand hatte sexuelle Bedürfnisse, und vor dem Schlafen wollten meist noch meine drei Russen ihren Sack leeren. An den Wochenenden war's ganz schön viel. Aber Oleg hat gesagt ›Muss sein‹.«

»Er meint, es hätte dir gefallen. Gerade wenn's dir mehrere besorgt haben.«

»So, meint er. Na ja, auf ›meistens‹ könnten wir uns einigen.«

»Er meint auch, du stehst auf Uniformen.«

»Stimmt. Aber nicht nur. Ich steh auf Männer. Ich meine, richtige Männer.«

»Die dir sagen, was du zu tun hast?«

»Kann sein. Wenn's der Richtige sagt.«

»Komm mit!« Ein tiefer Blick.

Andreas sitzt breitbeinig auf meinem Bett, ich knie vor ihm, habe meinen Kopf in seinem Schoß vergraben, klammere mich an seine Arschbacken, reibe mein Gesicht an der Jeans, die sein Geschlecht noch verbirgt. Er zieht sein Hemd aus, ich will seinen Hosenschlitz öffnen, doch er hält mich auf. »Zieh dich aus, du kleine Nutte! Ich will dich nackt haben!« Selbstverständlich gehorche ich und selbstverständlich schiebe ich eine Latte, und an der zieht er mich zu sich, klopft auf seine Knie, befiehlt »Drüberlegen!«, und als ich über seinen Schenkeln liege, streicht er über meinen Allerwertesten.

»Hübscher Hintern!«, sagt er, dann tropft Spucke in meine Kimme, ein Finger verteilt sie in meiner Ritze, bohrt sich in mein Loch. »Du hast echt einen heißen Arsch«, fährt er, inzwischen mit zwei Fingern in meinem Loch, fort. »Ich glaube, ich muss dich ficken. Du hast ja heute erst einmal abgespritzt, das ist doch für dich gar nichts.« Seine Hand grabscht nach meinem Sack. »Sind deine Eierchen schon wieder voll?«

Ich räkle mich auf seinen Knien. »Ja, komm, fick mich! Meine Eier sind voll, aber mein Loch ist leer! Stopf mich!«

»Nicht so schnell!« Er drückt mich zu Boden, zieht meine Beine wieder hoch, nun liege ich da mit dem Kopf zwischen seinen Füßen, mein Körper von seinen Schenkeln eingeklemmt, meine Waden rechts und links unter seinen Armen, seine Hände spreizen meine Kiste, er geilt sich an meinem Loch auf. »Haben sie dir den Arsch rasiert?«

»Ja ... wollte Oleg so haben.«

»Schöne Fotze ... gut eingeritten ...«

Ich kneife zu, als er mit spucknassen Fingern hineinwill. »Gut eingeritten« stimmt zwar, aber ich kann mich auch eng machen.

»Mach auf!«, fordert er, doch ich will ihn jetzt reizen, mal sehen, wie er reagiert.

»Was ist denn? Mach auf!« Ich lasse zwar meine Arschmuskulatur spielen, doch das Loch bleibt zu.

»Mach sofort auf! Sonst ...«

»Sonst was?«

»Wirst du gleich merken!«

Ich merke es, ja, heftig, als seine beiden Pranken auf meine Arschbacken klatschen, er hat ausgeholt, es wird sofort heiß, und mein »Jaaahhh!« zeigt ihm, was ich will, er macht weiter, versohlt mir den Hintern, ich winde mich unter seinen Hieben und werde immer geiler. Meine Kiste glüht, nun öffne, entspanne ich mich, sofort stecken drei Finger in meiner Fotze und als auch noch eine Hand meinen Sack packt, schreie ich »Nicht!«, doch es ist schon zu spät, es kommt, ich klammere mich an seine Füße, verspritze das Parkett.

»Hol Klopapier und wisch's auf!«, sagt Andreas nach vielleicht einer Minute, und als ich danach, um das versaute Zeug wegzuschmeißen, wieder ins Bad gehe, ruft er mir hinterher, ich solle noch mal was mitbringen. »Wir sind noch nicht fertig!«

Er hat sich ausgezogen, liegt erregt und nackt in meinem Bett, winkt mich zu sich, und ich kuschle mich an ihn, mein Rücken an seiner Brust, mein Hintern an seinem Schoß, sein Kolben in meiner Ritze, meine Schenkel an den seinen und seine Hand an meinem Pimmel.

»Heißer Arsch!« sagt er. »Du bist so eine Sau … haben sie dich im Knast auch versohlt?«

»Nein … oder doch, aber selten, und weil Oleg gemerkt hat, dass mich das anmacht und er mal wirklich sauer war, durfte ich dann drei Tage nicht wichsen, nicht mal abspritzen, wenn sie mich gefickt haben. Das war hart.«

»Armer Kerl …« Er hat eine Hand in meinem Haar, die andere spielt mit meinem Pimmel. Mir ist klar, er will mich noch bumsen, er wartet, bis ich wieder geil bin.

»Worauf stehst du eigentlich?«, will ich wissen. »Außer Uniformen?«

»Ich? Weißt du doch. Ich steh auf kleine Nutten wie dich!«

Zack, hat er mich. Mein Rohr wächst, seines ist sowieso stocksteif, mit Spucke schmiert er seine Latte ein und steckt sie in meinen Hintereingang. Und ich öffne mich, recke mich ihm entgegen, gar nicht weit genug kann ich das Ding jetzt in mir drin haben. Heute fickt er mit mehr Schmackes als gestern. Er drückt mich an sich, saugt an meinem Nacken, bohrt mich auf, ich wichse mich langsam selbst, halte sicherheitshalber das Klopapier bereit. Wenn er noch einmal »Nutte« zu mir sagt …

Seine Stöße sind heftiger geworden, drängender, schneller, er will zum Orgasmus kommen, es ist so weit, »Ich spritz dir in den Arsch, du Nutte!« röchelt er, und während er mein Loch befüllt, landet meine Ladung im Klopapier.

Der Installateur

Ich werde wach, weil ich aufs Klo muss. Es ist stockfinster, die Uhr zeigt 3:27, ich liege allein im Bett, aber ich kann mich nicht erinnern, dass Andreas gegangen ist.

Als ich Licht mache, fällt mir neben der Lampe ein Zettel auf: »Frühstück um 7!«. Da stelle ich mal sicherheitshalber den Wecker.

»Wann bist du gegangen?«, frage ich beim Frühstück. »Und warum?«

»Na ja, dein Bett ist zu schmal für zwei. Ich hätte vorgeschlagen, hier unten zu schlafen, aber als ich wieder aus dem Bad kam, hast du schon geratzt und ich wollte dich nicht wecken. Da musste ich mir heute Morgen selbst behelfen.« Eine eindeutige Bewegung.

»Ich muss bald los«, erklärt er noch, »und bin den ganzen Tag beim Gericht. Sehen wir uns so um sechs wieder hier? Machst du einen Salat? Richard wird zum Essen kommen.«

»Woher kennst du den eigentlich? Auch aus der Szene?«

»Wir sind uns mal in einem einschlägigen Klo über den

Weg gelaufen … und weil ich wusste, was er beruflich macht … du kannst ja nicht jeden x-beliebigen Klempner damit beauftragen, hier unten drei Duschen einzubauen. Manchmal kommen Leute, die stehen auf Golden Shower … du verstehst schon. Das machen meistens Richard und ich.«

Ich verstehe. Die beiden duschen irgendwelche Kerle mit ihrer Pisse. Und ich kann mir nicht helfen, mein Rohr steht schon wieder. Ich lege Andreas' Hand auf meinen Hosenlatz. »Du kleine Nutte«, sagt er, »darauf stehst du also auch!«, und meine Erektion wird gleich noch härter.

Er schaut auf die Uhr. »Muss los … sonst wärst du jetzt dran … Ich stelle dir noch schnell meine Sekretärin vor, vielleicht begegnet ihr euch ja im Treppenhaus.«

»Weiß sie, dass du …? Und wird sie denken, wir …?«

»Dass ich schwul bin? Weiß sie. Sie hat schon für meinen Vater gearbeitet, als es mich noch gar nicht gab. Das andere wird sie sich denken, aber kein Wort darüber verlieren. Sie ist die Diskretion in Person.«

Er bindet sich noch eine Krawatte um, schlüpft in ein Sakko, ein prüfender Blick in den Spiegel, dann gehen wir runter.

Eine gepflegte Dame sitzt an einem PC, tippt was. »Guten Morgen, Ingeborg«, begrüßt Andreas sie. »Ich möchte dir Daniel Schuler vorstellen. Er ist endlich frei, du kennst den Fall. Weil er keine Bleibe hat, ist er in die Dachwohnung gezogen. Daniel, Ingeborg Schober. Sie hält den Laden hier am Laufen.«

»So ist es«, sagt sie lachend und streckt mir die Hand

hin. »Guten Morgen, Herr Schuler. Darf ich Ihnen einen Kaffee anbieten?«

»Danke, wir haben gerade gefrühstückt«, antworte ich, und im selben Moment wird mir klar, was ich da gesagt habe und komme ins Stottern. »Äh, ich meine, ich muss heute erst einkaufen gehen …«, doch darauf geht sie nicht ein und wendet sich an Andreas: »Wir müssten deine Termine für heute noch kurz durchgehen.«

»Ja, ich weiß«, sagt er, ehe er mich verabschiedet. »Daniel, entschuldige, aber die Arbeit ruft. Wir sehen uns heute Abend.« Er scheint wegen meines Verplapperns zumindest nicht sauer zu sein.

Mit dem Bus mache ich mich auf in die Stadt. Das Meldeamt ist zwar mit Warterei verbunden, macht aber keine Schwierigkeiten, und weil daneben eine Filiale meiner Bank ist, teile ich denen gleich meine neue Adresse mit.

Polizei geht fix, man registriert meine Meldung und weist darauf hin, dass ich jede Woche kommen muss.

Arbeitsamt ist komplizierter, einen Fall wie meinen hätte er noch nicht gehabt, sagt der Bearbeiter. Aber er erfasst meine Daten, gibt mir Formulare, die mein letzter Arbeitgeber ausfüllen muss, dazu eine Menge Infomaterial, versichert, sie würden sich bald melden.

Dann fahre zu meiner letzten Firma, hoffe, dort vielleicht wieder anfangen zu können. Ich hatte zu keinem mehr als ein kollegiales Verhältnis, aber auch mit niemandem Probleme. Mit Andreas habe ich gestern durchgespielt, wie ich mich verhalten soll, natürlich abhängig davon, wie man mich empfängt.

Die Sekretärin erwidert zumindest mein »Hallo«, sieht mich aber seltsam an. Ich reiche ihr eine Kopie meiner »Wiederaufnahmebestätigung«, frage, ob der Abteilungsleiter zu sprechen sei. Sie liest, wird verlegen, mehrere Kollegen stoßen dazu, und ich verteile noch einige Kopien. »Oh, so ist das«, murmelt einer, wozu ich nur nicke. »Ja, so ist das.«

In dem Moment kommt der Chef herein, donnert, noch ehe ich grüßen kann, sofort los, wie ich es wagen könne hier aufzutauchen, ich solle sofort verschwinden, mit so was wie mir wolle er nichts zu schaffen haben. Er lässt weder die Sekretärin noch mich zu Wort kommen, und dann langt es mir. Ich sage einmal »Schreien Sie mich nicht an!«, und als er weiter wütet, brülle ich zurück: »Hören Sie gefälligst zu! Ich bin nicht ›So was‹! Ich bin unschuldig! Lesen Sie das hier!« Ich pfeffere eine weitere Kopie auf den Tisch. »Ich verlange die Abgeltung meines Urlaubsanspruchs vom letzten Jahr! Und ein Zeugnis! Sie erreichen mich über meinen Anwalt!« Andreas' Karte knallt auf den Tisch. »Das hier füllen Sie für das Arbeitsamt aus!« Dieser Auftritt wird in die Firmengeschichte eingehen.

Ich beschließe heimzufahren, so aufgewühlt, wie ich bin, könnte ich im Moment sowieso nichts tun, und erst im Bus beruhige ich mich allmählich.

Frau Schober hat in der Zwischenzeit am Briefkasten und einem Klingelschild meinen Namen angebracht, und das heitert mich deutlich auf. Als ich mich bedanke, sagt sie nur: »Wenn Sie schon hier wohnen …«

In fußläufiger Entfernung gibt es einen Aldi und einen Großmarkt für fast alles, ich gehe dreimal einkaufen und komme jeweils schwer bepackt zurück. Danach döse ich auf meinem Bett, ehe ich mich an den Salat mache.

Um vier verlässt Frau Schober das Haus, es wird fünf, wird sechs, erst gegen halb sieben biegen fast gleichzeitig Andreas und ein Kleinbus mit der Aufschrift »Heizung & Sanitär …« in die Einfahrt.

In seiner Küche macht mich Andres mit Richard bekannt. Der steckt in einer grauen Latzhose, kommt direkt von einer Baustelle, bittet dringend um Wasser. »Ich auch!«, stöhnt Andreas, »eine Affenhitze ist das!« Wir schütten alle was in uns rein, dann will Andreas noch duschen, ehe wir essen, Richard meint, er hätte das auch nötig, und es endet damit, dass wir alle drei im Keller landen.

An einer kleinen Garderobe im Vorraum ziehen wir uns aus. Richard dürfte um die vierzig sein, nicht so groß wie Andreas, aber stämmiger, vor allem seine Oberschenkel sind wie, nun ja, Baumstämme. Nackt neben zwei solchen Männern mit ihren vollfleischigen Schwengeln – kein Wunder, dass meiner sofort hart wird.

»Was ist denn mit dir los?«, fragt Richard, und Andreas antwortet für mich: »Er ist so. Einfach immer geil.«

»Stimmt das?«, hakt Richard nach, »du bist immer geil?«

Ehe ich antworten kann, sagt Andreas »Lutsch seinen Schwanz!«, und ich gehe in die Knie und lecke an Richards Gehänge. Verschwitzt, natürlich, und saumäßig geil. Andreas stellt sich dazu, ich nuckle abwechselnd an zwei

Nillen, meine Hände kneten zwei Mackerärsche, meine Finger wandern durch schweißfeuchte Ritzen, ich lecke an Klötensäcken, Schwänzen, meinen Fingern, möchte die beiden Kerle zum Abladen bringen.

»Spritz ihn voll!«, sagt Andreas, und Richard gibt sich nun selbst die Faust, ich warte, eine fette, feuchtglänzende Eichel vor der Nase, hechelnd auf seine Männersahne, und endlich öffnet sich der Pissschlitz und das Zeug schießt heraus, die zähflüssige Soße landet in meinem Gesicht, fünf, sechs Portionen, er muss richtig geil sein.

Andreas hat sich selbst gewichst, und ich schmiere mir die Klempnerwichse jetzt in die Hand und rubble damit den Anwaltskolben, der gleich noch größer und härter wird. »So eine Sau!«, kommentiert Richard, und Andreas ist nicht mehr im Stande, was zu sagen, er stopft mir seine Rakete in den Schlund, und schon beginnt ein Spritzfeuerwerk, tief in mir lädt er, jaulend fast, seinen Schmand ab.

Ich habe meinen Steifen an seinem Schenkel gerieben, und als er nun »Du kleine Nutte!« japst, bekleckere ich seinen Fuß.

»Ich muss pullern!«, unterbricht uns Richard, »gehen wir rein?«

Ich nehme die mittlere der drei Duschen, und während wir alle versuchen, eine angenehme Wassertemperatur einzustellen, regen die Pimmel sich wieder ab. Richard lässt es einfach laufen und schifft auf den Boden hier, ich grinse ihn an, aber als er auf den Platz zu seinen Füßen deutet, schüttle ich den Kopf. »Jetzt nicht.«

Andreas hat auf seinem Balkon einen Elektrogrill angeworfen, wir lassen uns Würste und Fleischspieße schmecken, dazu meinen Salat, stoßen mit Bier an, und ich berichte von meinem Tag.

»Du hast den Chef ange*brüllt*?«, fragt Richard ungläubig. Ich nicke, und Andreas bestätigt: »Wenn er sich ungerecht behandelt fühlt, kann er schreien. Hab ich schon erlebt. Aber keine Sorge, Daniel, wir finden was für dich!«

»Und übrigens, Richard«, fährt er fort, »vorgestern waren Kurt und sein Hubsi hier. Kurt ist voll auf Daniel in seiner Knastkluft abgefahren. Er hätte ordentlich gelöhnt, aber wir haben ihn hingehalten.«

»Wieso denn das? Ich dachte, du willst hier mitmachen?«, dreht Richard sich zu mir.

»Ich weiß nicht. Ich hab mich noch nie verkauft. Ich hab einfach Lust auf Sex. Oft. Ziemlich oft. Aber mit Typen, die mir gefallen, nicht wegen Geld.«

»Hätte dir Kurt nicht gefallen?«

»Doch, schon.«

»Wo ist dann das Problem? Du hättest deinen Spaß gehabt und sogar noch was verdient.«

»Lass ihn«, schaltet Andreas sich wieder ein. »Das muss er selbst entscheiden.«

»Schön«, meint Richard, »überleg's dir. Aber erzähl doch mal vom Knast. Du willst doch nicht sagen, dass du's da nur mit Kerlen getrieben hast, die dir gefallen haben.«

»Das«, sagt Andreas, »würde mich auch interessieren.«

»Na ja. Was mit Oleg, Max und Sepp war, wisst ihr wahrscheinlich eh. Es gab noch ein paar Wärter, mit denen mehr oder weniger regelmäßig was gelaufen ist. Ich finde Uniformen wirklich geil, vor allem, wenn einer noch Stiefel trägt.«

»Wie Max!«, wirft Andreas ein.

»Ja, wie Max. Jedenfalls, an meinem ersten Tag wollten schon vier Kerle vom Personal und die drei Russen in meiner Zelle was …, nein falsch, da waren auch noch die zwei Ivos in der Dusche, also, es hat jedenfalls gereicht. So viele waren es nicht jeden Tag, höchstens am Wochenende mal. Da wollten mich etliche von unserem Flur haben. Oleg hat gesagt ›Muss sein‹, und dann habe ich sie eben rangelassen. War manchmal ganz schön viel, und einigen war ich vollkommen egal, die wollten einfach nur mit ihrem Schwanz in irgendein Loch.«

»Das ist Scheiße«, murmelt Richard, »echt Scheiße. Schlimm?«

»Ach, schlimm … wenn einer nicht mein Typ war, habe ich es so gedreht, dass er mich von hinten nimmt, dann musste ich ihn nicht sehen … und diese notgeilen Typen sind sowieso immer ganz schnell gekommen. Ich habe deshalb keine schlaflosen Nächte. Den einen, mit dem ich gar nicht konnte, hat mir Oleg vom Leib gehalten, seit ich was wusste, das nicht rumgehen sollte.«

»Was denn?«, hakt Richard ein, doch da schüttle ich den Kopf. »Müsst ihr nicht wissen.«

»Betrachtest du Oleg als deinen …«, er zögert, »Zuhälter?«

»Nein. Und ich bin keine Nutte. Ich hab ihn als Chef akzeptiert. Er hat klar gemacht, was er von mir erwartet, aber verkauft hat er mich nicht. Bei den Wärtern war wirklich keiner dabei, mit dem ich es nicht gern gemacht habe. Und es wäre für den ganzen Flur nicht gut gewesen, wenn von den Insassen einer wegen Triebstau durchdreht. Ich verstehe, dass Oleg das verhindern wollte. Er musste die anderen ficken lassen, und da er wusste, dass mir das ja grundsätzlich gefällt, hat er nur darauf geachtet, dass es nicht *zu* viel wird. Also, wenn schon Knast, dann mit Oleg, Max und Sepp. Ich bin froh, dass es vorbei ist, aber es war nicht alles schlecht.«

Andreas hatte nach dem Duschen was Kurzes angezogen, Richard seine Latzhose ohne was drunter, beide haben seit geraumer Zeit eine Hand unter dem Tisch.

»Lassen wir das Thema Knast«, meint Richard. »Bei mir muss das Bier wieder raus. Du hast vorhin gesagt ›*Jetzt* nicht‹. Hieß das ›Grundsätzlich schon‹?«

»Das«, fügt Andreas an, »würde mich auch interessieren.«

»Ihr seid Schweine!«, sage ich. »Alle beide!«

»Du vielleicht nicht?«

»Kann schon sein. Gehen wir runter?«

Pissduschen mit dem Klempner

Ich schaue bewusst weg, als wir uns alle ausziehen, will mich noch nicht aufgeilen, muss ja auch selbst schiffen.

»Geh schon mal rein, wir kommen gleich«, sagt Richard und tuschelt dann mit Andreas.

Ich lege mich unter den Duschen auf den Rücken, ziehe die Beine an, drücke mein Becken vom Boden ab, mein Pimmel hängt nun Richtung Nabel, und ich lasse es laufen, das warme Wasser fließt über meinen Bauch und meine Brust. Ich hebe den Kopf soweit wie möglich, greife mir meinen Schniedel, ziele in meinen Mund, ein Teil läuft über meine Wangen, meinen Hals, einen Teil schlucke ich. Zu meinen beiden Seiten stehen nun kräftige, behaarte Beine, darüber mächtige Geschlechtsteile, Andreas' blaue und Richards dunkle Augen beobachten, wie der Druck meiner Blase allmählich nachlässt, mein Strahl reicht nicht mehr bis zu meinem Kopf, wird schwächer, vertröpfelt.

Ich lasse Kopf, Körper, Beine sinken, liege in ganzer Länge in meiner eigenen Brühe.

»Piss ihn voll!« sagt Andreas, und da prasselt es schon auf meinen Schwanz und meine Eier, Richard hat angefangen und strullt das Bier, das raus will, über mich. Er hat seinen

Schlaffen in der Hand, über mir sehe ich seinen haarigen Sack, seine Finger, seinen Pfeifenkopf, er brunzt wie ein Pferd und stöhnt dazu wie ein geiler Bock.

Auch aus Andreas' Rohr strömt es jetzt, trifft Bauch, Brust, Hals, ich reiße den Mund auf, und er zielt genau, pinkelt mir in den Rachen, ich gurgle mit seiner Pisse und schmecke noch das Bier, das er getrunken hat.

Richard hat sich ausgeschifft, geht beiseite, Andreas klemmt seinen Pimmel mit zwei Fingern ab, kniet sich über meine Brust, umfasst meinen Hinterkopf und zieht ihn hoch, sein Schwengel hängt mir nun direkt ins Maul, seine Augen suchen meinen Blick, ich blinzle ein »Ja«, und da lässt er es wieder laufen, trichtert mir den Rest noch ein, ich kann gar nicht schnell genug schlucken, leider geht einiges daneben, obwohl ich alles von ihm saufen möchte und noch an seinem Schwanz nuckle, als schon nichts mehr kommt.

Andreas steht wieder auf und Richard klemmt meinen Kopf zwischen seinen Füßen ein, über mir sehe ich seine haarige Kimme, mächtige Arschbacken, schaukelnde Eier und eine wichsende Hand. Zugleich drängt Andreas meine Beine auseinander, er stützt sich mit einer Hand an der Wand ab, mit der anderen rubbelt er bei sich, er hebt einen Fuß, massiert damit nun mein Geschlecht, seine Zehen spielen mit meinem Kolben, machen mich noch geiler.

Richard stellt ein Bein auf meinen Brustkorb, wie auf ein erlegtes Stück Wild. Er wichst wie blöd und nun sehe ich mehr von seiner Ritze, seinem Sack, sogar sein Loch. Ich will nach meinem Schwanz fassen, erwische aber Andreas' großen Zeh, und er lässt mich dran.

Richard spritzt röhrend ab, sein Sperma landet zum Teil auf meiner Hand, und weil ich eh nicht wichsen kann, schmiere ich mir das Zeug auf die Lippen, lecke es genussvoll ab, hoffe, Andreas kommt bald, denn lang halte ich es nicht mehr aus. Richard ist einen Schritt beiseitegetreten, Andreas sieht, wie ich Klempnersoße schmatze, sein Kolben beginnt zu spucken, er trifft meine Fresse, und als er, außer Atem, noch »Du Nutte! Nutte! Nutte!« hervorquetscht, quillt auch mir die Soße heraus, vermischt sich mit dem anderen Zeug, in dem ich bade.

Wir haben richtig geduscht, mit Wasser und Shampoo, Richard ist gefahren, Andreas hat den Keller abgeschlossen, dann sind wir rauf, räumen das Grillzeug auf und teilen uns danach in der Küche noch ein Bier.

»Kellerschlüssel haben nur Leo und ich«, erklärt er. »Die anderen kommen über die Außentreppe. Und was da unten ist, weiß Ingeborg natürlich nicht. Wir haben umgebaut, während sie in Urlaub war.«

»Mhm. Sag mal, hast du für den Haushalt auch jemand?«

»Ja, am Donnerstag kommt Dunja, sie putzt im Büro und hier, bügelt, so was. Teilen wir noch eins?« Er deutet auf die leere Flasche.

Andreas hat nachgeschenkt und wechselt das Thema. »Ich weiß übrigens, was im Knast nicht rumgehen sollte. Hat mir Erich am Freitag, als ich dich abgeholt habe, mit schlechtem Gewissen gestanden. Ihm ist klar, dass er das nicht gedurft hätte. Aber es ist schön, dass du's Richard nicht auf die Nase gebunden hast. Findest du die beiden eigentlich wirklich geil?«

»Ja! Der Direktor im Anzug und Richard in dieser Arbeitshose ... ich hab doch gesagt, ich steh auf Männer, nicht nur auf Uniformen!«

»Und du willst dich unterwerfen. Zum Beispiel Richard einen blasen oder dich von ihm vollpissen lassen, wenn man es dir befiehlt.«

»Nicht *man*. Ich steh drauf, dass *du* so was sagst. Dann mach ich alles. Oder sagen wir, fast alles.«

»Klar, jeder hat Grenzen. ›Muss sein‹ ist hier nicht, ich bin nicht Oleg. Aber du bist meine kleine Nutte und ich dein Chef.«

»Nein. Wenn du mein Chef sein willst, musst du mich einstellen.«

»Hab daran gedacht. Aber zwei Angestellte trägt die Kanzlei nicht.«

»Würdest du es sonst echt machen?«

»Vielleicht, wobei auch Leo einverstanden sein müsste. Es geht jetzt aber um was anderes. Du brauchst jemand, der dir sagt, wo's lang geht. Das werde ich auch ...«

»Du könntest ja mal sagen, ich soll dich ficken!«

»Du bist ganz schön frech! Ich glaub, ich muss dich übers Knie legen!«

»Dazu musst du mich erstmal kriegen!« Ich springe auf, bringe den Tisch zwischen uns, und wir rennen wie die Kinder rundherum, bis ich vor Lachen nicht mehr kann und mich erwischen lasse. Andreas drückt meinen Oberkörper auf die Tischplatte und haut mir ein paar Mal auf den Hintern, ich schreie und zapple rum, lasse aber zu, dass er mir Hose und Slip runterzieht und meinen Nackten verdrischt.

Ein spucknasser Finger erkundet meinen Hintereingang, eine Stimme stöhnt: »Kriegst nicht genug, was?« in mein Ohr.

»Bin schließlich heute noch ungefickt!«

»Das lässt sich ändern …« Er packt mich zwischen den Beinen, um die Brust, trägt mich ins Schlafzimmer, schmeißt mich aufs Bett und sich auf mich.

Im Nu sind wir beide völlig nackt, wälzen uns wie junge Hunde übereinander, reiben uns aneinander, kommen mit Armen und Beinen durcheinander, wichsen miteinander, und dann packt eine starke Hand meinen Kopf, hält ihn fest, Andreas' Gesicht kommt näher und näher, sein Mund presst sich auf meinen, seine Zunge drängt in mich, ich liege auf dem Rücken, er auf mir, unsere Kolben schubbern aneinander, meine Beine umklammern die seinen, unsere Augen versinken ineinander, wir sehen beide, das wird kein Fick mehr, wir sind viel zu erregt. Ich kralle mich geradezu an ihn und dann lasse ich es raus, zwischen uns wird es heiß und nass und klebrig, es ist mir gekommen. Andreas wetzt seine Latte in meiner Soße, sein Becken rotiert auf mir und dann ist auch er so weit, spritzt seine Sahne dazu, es glitscht und flutscht, seine Körperspannung ist weg, doch seine Hand ist noch in meinem Haar, seine Augen sind da, seine Lippen auf meinen, bis er mir zu schwer wird und ich ihn von mir wälze.

»Heute bleibst du ungefickt!« stöhnt Andreas. »Noch mal kann ich nicht!«

Steht dir

»Was hast du heute vor?«, fragt Andreas beim Frühstück.

»Ich will mein Rad wieder auf Vordermann bringen. Mir eine neue Mailadresse einrichten. Mich um mein Telefon und die Sachen vom Arbeitsamt kümmern. Ein paar Versicherungen und so was informieren. Muss ich mich hier irgendwo wegen Strom und Wasser anmelden?«

»Nein. Es gibt nur jeweils einen Zähler für das ganze Haus. Das läuft über mich.«

»Gut. Ich überweise dir dann auch noch die Miete, wenn du mir dein Konto gibst.«

»Lass mal. Darüber reden wir wieder, wenn du ein Einkommen hast. Wovon willst du das denn jetzt bezahlen? Das Geld aus dem Knast wird nicht ewig reichen, falls das Arbeitsamt nicht zahlen will. So in einer Woche haken wir dort nach.«

»Andreas, das will ich nicht! Ich kann nicht auf deine Kosten hier … auch dass ich immer bei dir esse … das geht nicht!«

»Und warum nicht? Ich würde die Wohnung oben sowieso nicht vermieten. Ob da jetzt dein Zeug steht oder nicht, ist doch egal. Und glaub mir, ich freue mich, wenn du hier mit mir isst. Ich käme mir schäbig vor, wenn ich von dir, in deiner Situation, Geld dafür nähme. Das will ich nicht!«

»Und ich käme mir gekauft vor, wenn nur du alles zahlst! Ich bin gern hier, aber nicht, weil es umsonst ist. Das will *ich* nicht!«

»Reden wir heute Abend, ja? Ich muss jetzt runter, in eine Telko. Willst du mittags mitgehen in einen Imbiss hier? Machen Ingeborg und ich öfter.«

»Nur wenn ich für mich selbst zahlen darf!«

»Dickschädel! Ich hole dich!«

Ein Teil meiner Vorhaben lässt sich telefonisch oder per Mail erledigen, anderes muss schriftlich sein. Ich verfasse Briefe, entwerfe einen Lebenslauf, hoffe, das nachher in der Kanzlei ausdrucken und Zeugnisse scannen und kopieren zu können.

Auf dem Weg zum Essen schildere ich ein Problem. »Wenn der Lebenslauf wie jetzt üblich mit dem Aktuellsten beginnt, liest jeder Personaler als erstes ›Knast‹, und auch wenn ich rot, fett und doppelt unterstrichen dazu schreibe ›unschuldig‹, wird man meine Bewerbung gar nicht weiter anschauen. Wenn ich dann noch sage, ich warte auf einen neuen Prozess, erst recht nicht. Zumal ich bei allem, was für mich in Frage kommt, sicher nicht der einzige Bewerber sein werde.«

»Was sind Sie denn von Beruf, Daniel? Darf ich Daniel sagen?«

»Natürlich, gern. Groß- und Außenhandelskaufmann.«

»Mit guten Zeugnissen!«, wirft Andreas ein.

»Trotzdem«, überlegt Frau Schober, »es ist was dran, was Daniel sagt. Jemand, der einen ganzen Stapel Bewerbungen auf dem Tisch oder im Postfach hat, wird so etwas vermutlich gleich aussortieren. Realistisch betrachtet haben Sie kaum eine Chance auf eine Stelle, die viel Einarbeitung erfordert. Wie ist es mit Ihrer alten Firma?«

»Scheidet aus.« Ich berichte von meinem Auftritt gestern.

Wir sind inzwischen bei einem Asia-Imbiss angekommen, ich lasse mir gebratene Nudeln schmecken, kann nicht verhindern, dass Andreas für alle bezahlt, und weil Frau Schober dabei ist, kann ich keinen Terz veranstalten.

»Heute Nachmittag kommen einige Klienten«, erklärt Andreas auf dem Rückweg. »Ich hole dich, wenn die weg sind, dann kannst du kopieren und drucken. Kann aber später werden.«

Ich durchforste einige Stellenportale, aber ehe ich nicht mein letztes Zeugnis habe, brauche ich nicht aktiv zu werden. Bis Ende der Woche lassen wir ihnen Zeit, meinte Andreas.

Ich beschließe, heute Abend für uns zu kochen und gehe noch mal einkaufen. Ich habe zwar nur zwei Töpfe und zusammengewürfeltes Geschirr, aber für zwei Personen reicht es. Ich will mich nicht aushalten lassen!

Nach sechs hat sich Andreas gemeldet und ich bin mit meinem Zeug runter in die Kanzlei, wir haben gedruckt, kopiert, gescannt, dann zeigt er mir noch die Räumlichkeiten und wir trinken an seinem Besuchertisch einen Espresso.

»Das ist der Anzug, den du auch am Freitag anhattest, oder?«

»Ja, wieso?«

»Steht dir. Wirklich. Du wirkst so seriös. Gefällt mir.«

»Der Anzug oder ich?« Er spreizt die Beine, unübersehbar ist da schon eine Beule.

»Beides zusammen!«

Er fummelt hektisch an seinem Hosenlatz herum, legt Schwanz und Sack frei, und ich knie zu seinen Füßen, will diesen Kolben lecken, den ich heute morgen im Bett schon ausgesaugt habe.

Andreas lüpft kurz den Hintern, lässt Hose und Boxer runter zu den Knöcheln, nun kann er die Beine breiter machen und ich komme besser ran. Mit den Lippen schiebe ich seine Vorhaut zurück, züngle über seine tropfende Eichel, sein Rohr wächst mir in den Rachen, ich schnappe nach Luft, Andreas lässt mich kurz Atem holen, ehe er mir seine Kanone erneut reinschiebt, meinen Kopf an sich presst und mit ganz kurzen, schnellen Stößen aus der Hüfte mein Maul fickt und mir überraschend schnell sein Sperma zu schmecken gibt.

Ich lasse meinen Kopf mit seinem Schwanz im Mund auf seinem Schoß ruhen, bis er, noch schnaubend, wissen will, ob ich nicht auch …

»Lass mal. Ist schon gut so.«

»Wolltest du gar nicht?«

»Doch, ich wollte schon. Du warst nur zu schnell.«

»Ich hab's nicht mehr ausgehalten. Bin den ganzen Tag

schon so heiß … auf dich … hab mir am Vormittag schon mal …«

»Du hast dir hier einen runtergeholt?«

Andreas grinst. »Wenn ich zum Beispiel ein längeres Telefonat führe, mache ich die Tür zu meinem Büro zu. Dann weiß Ingeborg, dass ich nicht gestört werden will.«

Ich schüttle nur den Kopf.

»Du musst aber keine Sorge haben. Heute bleibst du nicht ungefickt! Der Abend ist noch lang!«

»Vorher brauche ich aber eine Stärkung. Wir essen jetzt, und zwar bei mir! Ich hab gekocht, muss man nur noch mal warm machen.«

»Oh … gut. Ich will mich aber vorher frisch machen. In einer Viertelstunde?«

Andreas' Angebot, was mitzubringen, habe ich abgelehnt, ich hätte alles.

Mit bescheidenen Mitteln habe ich den Tisch einigermaßen nett gedeckt, Salat und Baguette als Vorspeise bereitgestellt, warte.

Andreas kommt in hellen Bermudas und einem bunt gestreiften Poloshirt, er wirkt ganz anders als vorhin im Anzug. Er merkt, dass ich ihn mustere. »Gefalle ich dir auch so?«

»Ja, steht dir auch, wirklich. Und ehe wir anfangen möchte ich mit dir darauf anstoßen, dass ich wieder frei bin. Warte.« Ich habe einen Prosecco kaltgestellt, den gibt es jetzt aus Weingläsern, was Passenderes habe ich nicht. »Prost, Andreas! Und ich sage es jetzt wirklich das letzte Mal: Ganz großes DANKE!«

Wir trinken einen Schluck, setzen uns. »Ich bedanke mich für die Einladung. Ich verstehe auch, warum du das wolltest. Ich hab mit Ingeborg über unser Gespräch heute früh geredet, sie hatte einen Vorschlag, den ich gut finde. Hör zu: Ich nehme definitiv von dir keine Miete. Du kannst aber was zu den Nebenkosten beisteuern, da du ja was verbrauchst. Ich denke, 100 Euro im Monat ist realistisch. Und wenn du eine Stelle hast oder zumindest vom Arbeitsamt was kriegst, zahlst du was in eine Haushaltskasse ein, auch so 100 Euro vielleicht. Dann musst du nicht das Gefühl haben, du lebst hier auf meine Kosten. Einverstanden?«

»Gut. Wenn du auch mal zu mir zum Essen kommst!«

»Ja. Freut mich. Was gibt's eigentlich?« Er schnuppert.

Meine Hackfleisch-Tomaten-Soße köchelt vor sich hin, die Spaghetti müssten fertig sein, und beim Abgießen aus dem Topf schmeiße ich beinahe die Nudeln ins Spülbecken, weil ich kein Sieb habe und mir am Wasserdampf die Pfoten verbrenne.

Es schmeckt uns trotzdem, und nach einem abschließenden Kaffee aus meiner Runterdrück-Kanne schlägt Andreas vor, zu ihm zu gehen. »Mein Bett ist einfach breiter!«

Diesem Argument kann ich mich nicht verschließen.

Wir haben zusammen geduscht, aneinander rumgefummelt, liegen nackt auf dem Bett. »Hattest du im Bau wirklich jeden Tag einen hinten drin?«, will Andreas wissen.

»Nicht nur einen, meistens mehrere.«

Er dreht mich auf den Bauch, spreizt meine Arschbacken, geil sich daran auf. »Sieht man gar nicht. Du hast ein richtig schönes Loch! Nur rasieren müssen wir dich bald mal wieder.« Ein spucknasser Daumen bohrt sich in mich, ich lasse ihn rein und raus, aber nur gerade so, Andreas muss sich anstrengen. »Du hast Gefühl im Arsch, das merkt man!«

Er lässt von mir ab, setzt sich breitbeinig hin. »Lutsch!«

Ich beginne vorsichtig mit der Zungenspitze an seiner Pfeife, lecke seinen Schaft, schlabbere zwischendurch über seine Eier, widme mich erneut seinem Rohr, er lässt mich machen, genießt mit geschlossenen Augen meine Bemühungen.

»Schön ... hmmm ... schön ... aber jetzt kümmern wir uns um dein anderes Loch ... zwei Tage unbenutzt ... das geht ja gar nicht ...« Er grabscht nach meinem Hintern, zieht ihn zu sich, geht diesmal gleich mit zwei Fingern rein, und gierig mache ich auf, ja, meine Möse schreit geradezu nach einem fetten Fleischspieß, hechelnd winde ich mich unter seinen starken Armen.

»Kannst es nicht erwarten, was?« Er dreht mich auf den Rücken, stemmt meine Beine in die Höhe, robbt hinter mich, sein Schwanz ist schon an meinem Loch, drängt hinein, ganz weit in mich hinein, meine Schenkel liegen auf seinen Schultern, mein Hintern hängt in der Luft, gehalten und gestopft von seinem Mast.

Seine Hände pressen die meinen in die Matratze, seine Augen versinken in meinen, und seine Lanze sticht zu, wieder und wieder, vielleicht nicht ganz so lang wie am Samstag, als er auf mir lag, aber er ist ausdauernd, sehr ausdauernd.

Er fasst mir unter die Schultern, ein Ruck, wir drehen uns, nun liegt er auf dem Rücken und ich sitze auf ihm, noch immer sein Kolben hinten drin. »Reit mich!«, sagt er, und ich hebe und senke den Hintern, lasse mich auf ihn fallen, um den Spieß möglichst tief in mir zu spüren. Er zieht die Beine an, übernimmt wieder die Initiative und pudert meinen Arsch, zugleich schaut er mir mit leicht geöffnetem Mund und herausgestreckter Zungenspitze in die Augen. Und ich werfe mich auf ihn, drücke meine Lippen auf seine, seine Arme pressen mich auf seine Brust, sein Ficken wird schneller, seine Zunge stößt in meinen Gaumen vor, er erdrückt mich fast, so fest hält er mich, und jetzt, ja, jetzt kommt er, füllt mir den Arsch, ich bin noch nicht ganz soweit, wetze mich auf ihm, mein Harter zwischen unseren schweißnassen Bäuchen, »Komm!«, flüstert er, »Komm! Spritz ab, du kleine Nutte!«, und mir geht einer ab wie selten mal. Ich bleibe einfach liegen und möchte überhaupt nicht mehr aufstehen.

Seitenwechsel

Heute können wir uns Zeit lassen, ich muss nicht gleich runter«, sagt Andreas beim Frühstück. »Dafür wird es wieder spät. Ich habe tagsüber einige Termine und abends meinen Juristen-Stammtisch, du musst allein essen. Und da fällt mir was ein!« Aus einem seiner Küchenschränke holt er ein Set mit Sieben in fünf Größen. »Brauche ich garantiert nicht alle. Du kannst eins haben für die Nudeln. Hier!«

»Danke! Das nehm ich gern!«

»Gut. Wenn du noch mal was drucken willst, geh ruhig runter. Ich schicke dir dann noch die Daten von Sepp, Max und Richard, wenn was sein sollte. Und wenn du nichts dagegen hast, gebe ich deine an sie weiter.«

»Ist in Ordnung. Und wie geht es eigentlich mit mir weiter? Juristisch, meine ich.«

»Keine Sorge, wir bleiben dran. Du bist jetzt frei, weil kein dringender Tatverdacht mehr besteht, aber es gibt eben dieses Urteil gegen dich. Wir warten auf die Wiederaufnahme des Verfahrens wegen vorsätzlich falscher Zeugenaussagen. Erst danach können wir die Entschädigung und den Verdienstausfall fordern.«

»Mit anderen Worten, es dauert.«

»Ja. Denn dem Justizapparat ist scheißegal, wovon du eigentlich leben sollst und was sie dir alles kaputt gemacht haben. Aber ich höre mich um. Kopf hoch, irgendwas ergibt sich!«

»Hoffentlich!«

»Wird schon! Was anderes: Heute Abend um acht hat Max hier einen Kunden. Frag ihn, ob er was dagegen hat, wenn du dabei bist. Er wird so eine halbe Stunde vorher kommen. Ich geb dir einen Kellerschlüssel. Wenn wir uns heute nicht mehr sehen, komm morgen um sieben runter zum Frühstück.«

Ich vertrödle ein wenig die Zeit, laufe ziellos zwei, drei Stunden herum, das hat mir gefehlt, draußen sein zu können, und als ich zurückkomme, ruft Frau Schober mich in die Kanzlei. »Post für Sie, Daniel!«

Ein großes, dickes Kuvert meiner alten Firma drückt sie mir in die Hand. Darin die Bestätigungen für das Arbeitsamt, eine Gehaltsabrechnung für die Abgeltung von 15 Tagen Urlaub, ein Zeugnis, »rasche Einarbeitung … stets zu unserer vollen Zufriedenheit …«, und ein Begleitschreiben, sie wünschen mir alles Gute, und blablabla.

Ich lasse Frau Schober mitlesen, sie nickt. »Die haben ein schlechtes Gewissen und waren deshalb so schnell. Das Zeugnis ist eine gute Zwei. Ich habe Ihre anderen auch gesehen, normalerweise würden Sie sicher etwas finden, aber … na ja.«

Sie lässt mich kopieren und scannen, bittet mich dann

noch zu einem Kaffee. »Haben Sie sich mit Andreas wegen der Finanzen geeinigt?«

»Ja. So wie Sie vorgeschlagen haben.«

»Das ist gut. Wenn ihr zusammen frühstückt, wäre es albern, wenn Sie hier Miete zahlen. Wissen Sie, er ist zurecht stolz, dass er mit dem Wiederaufnahmeverfahren Erfolg hatte, das ist nämlich sehr, sehr selten. In ganz Deutschland weniger als hundert Mal im Jahr. Weil viele Richter sich und ihre Kollegen für noch unfehlbarer halten als der Papst. Ich kenne die Unterlagen zu Ihrem Fall. Ich würde Sie freisprechen.«

Ich bedanke mich und zugleich ist es mir unangenehm. Sie weiß, dass ich vor einem Jahr im Stadtpark auf der Suche nach einem Sexpartner war …

»Etwas anderes noch«, fährt sie fort, »Andreas kommt am Freitag zu uns. Eine kleine Feier. Wenn Sie mögen, kommen Sie gerne mit.«

Ich habe dankend angenommen. Dann, um einen Tag Postweg zu sparen, die Sachen fürs Arbeitsamt gleich direkt dort hingebracht, hoffe, die kommen bald in die Pötte. Wieder zurück, habe ich noch mal an Fabian geschrieben. Wird Max bestimmt mitnehmen.

So um sieben gehe ich runter in den Keller, will mich umschauen, ehe Max kommt. Im Lagerraum finden sich nicht nur Uniformen für Aufseher und Gefangene, sondern auch alle Arten Sexspielzeug. Dildos, Buttplugs, Knebel, Harnesse, Halsbänder und Hundeleinen, Fesseln, Bambus- und Schlagstöcke, Augenbinden, und und und …

Es gibt mit Namensinitialen versehene Regalfächer mit

Wäsche, und genauso markierte Haken mit je einer Uniform auf Kleiderbügeln und einem Paar Stiefel darunter. Auf einem Brett mit »D« meine Knastsachen, D82178, aber die ziehe ich jetzt nicht an.

In einem anderen Regal ebenfalls markierte Bretter mit Bettwäsche, Handtüchern, Häftlingsklamotten. Vermutlich für Gäste, die öfter hier logieren.

Daneben weitere Stapel grauer Wäsche und blauer Uniformen. Ich wühle mich durch die Wärtersachen, heute bin ich kein Knacki. Das Kleinste ist Größe 52, ich ziehe es an, obwohl mir 48 reichen würde Die kleinsten Stiefel sind 43, auch zu groß, aber ich muss ja damit keine Wanderung machen. Ich verwandle mich also in einen Aufseher, ein ganz neues Gefühl, setze mich in die Küche und warte.

Die Tür geht, ich höre Max' Stimme: »Andreas? Bist du da?« Er streckt den Kopf herein. »Schuler, du? In dem Aufzug?« Er ist verblüfft, bricht dann in Gelächter aus. »Hast du die Seiten gewechselt?«

Ich stehe auf. »Wie findest du mich?«

»Lass sehen … ist dir zu groß … ich frage Sepp, ob's das auch kleiner gibt. Willst du zuschauen oder mitmachen?«

»Weiß nicht, wie dein Kunde drauf ist.«

»Der läuft heiß bei jeder Uniform, die er sieht. Ich muss mich umziehen.«

Er verschwindet ins Lager, natürlich folge ich ihm, und sehe ihn das erste Mal so ganz nackt. Er ist eine geile Sau. Mit und ohne Uniform.

In der Küche erzählt Max vom Knast. »Oleg hat sich einen frischen Jüngling in die Zelle legen lassen. Kommt vom Strich. Zu Ficken ist er gut, aber sonst für nicht viel zu gebrauchen. Er ist nicht das erste Mal im Bau und hat gewusst, was ihn erwartet. Oleg musste gar nicht viel sagen. Der lässt jeden drüber.«

Es ist schon zehn nach acht, ich blicke zweifelnd zur Uhr.

»Der kommt noch«, sagt Max. »Er weiß, je später er kommt, desto härter fasse ich ihn an. Also ist er je nach Stimmung mehr oder weniger pünktlich. Wenn ich mit ihm anfange, geilst du dich auf und zeigst ihm deinen Harten. Wenn er dran will, mache ich ihm klar, dass auch dein Schwanz was kostet. Und keine Namen, wenn er da ist.«

Ein Klopfen an der Tür. Der Typ, den Max hereinlässt, ist nicht größer als ich, trägt aber viel mehr Kilos mit sich herum. Nicht alt, vielleicht vierzig, aber kaum noch Haare. Mit seiner Figur hat er in der Szene sicher keine Chancen auf einen Mann wie Max.

»Du bist zu spät!«, herrscht der ihn an. »Fünfzehn Minuten!«

»Es tut mir leid, Herr Wachtmeister!« Er blickt starr zu Boden.

»Du weißt, was das heißt. Für jede Minute einen. Leg dich bereit.«

Der Typ trottet in die Zelle, Max schließt die Tür hinter ihm ab, holt von nebenan einen Rohrstock. »Wir lassen ihn etwas schmoren. Aber du kannst ihn beobachten.« Er deutet zum Spion und ich sehe, wie der Gefangene sich auszieht, einen Hocker in die Mitte des Raums rückt, sich darüberlegt, seinen dicken Hintern hochreckt, während Beine, Arme, Kopf nach unten hängen. Max' Hand packt meinen Arsch. »Der wär mir jetzt lieber! Komm!«

Der Nackte schaut auf, als er unsere Schritte hört, worauf Max ihm sofort einen überbrät. »Augen runter!«

»Es tut mir leid, Herr Wachtmeister!«

»Leck meinem Kollegen die Stiefel sauber, wenn ich dich bestrafe!«

»Ja, Herr Wachtmeister!«

Ich stelle mich zum Kopf des Schweins, und während dessen Zunge das Leder meiner Schuhe abschlabbert, zieht ihm Max 15 Stockhiebe über den haarlosen, feisten Arsch. Es muss brennen wie Hölle, doch es kommt kein Schmerzenslaut, die Sau schmiegt ihren Kopf an meine Füße. »Danke, Herr Wachtmeister! Ich hab's verdient, Herr Wachtmeister!«

Der will das so. Braucht es so.

Max packt seinen Schwanz aus, bedeutet mir, es ihm gleich zu tun, und mit ihm zusammen kann ich mich hochwichsen; der verstriemte Arsch würde mich eher abtörnen.

»Knie dich hin!«, kommandiert Max und der Nackte rückt den Hocker zur Seite, kniet, Augen immer auf den Boden gerichtet, und wir stellen uns direkt vor ihn. Nach Max' »Darfst schauen!« hebt er den Blick, hat unsere Kolben direkt vor der Nase. Er wagt es nicht, sie anzufassen, doch er hechelt, er würde zu gerne anbeißen.

»Mein Kollege hat Dienstschluss«, sagt Max. »Außer du zahlst seine Überstunde.«

»Ich zahle, Herr Wachtmeister, ich zahle! Darf ich, bitte, darf ich …«

Max rammt ihm seine Kanone in den Schlund, zieht mich an sich, unsere Schwanzköpfe berühren sich, der Bläser reißt das Maul auf, schluckt beide Eicheln, seine Zunge bearbeitet uns intensiv, und nun biegt Max mich zu sich, presst seinen Mund auf meinen, steckt mir seine Zunge rein, und das ist viel geiler.

»Hol mal einen großen Dildo und Fett!«, schickt er mich nach nebenan. Als ich zurückkomme, liegt der Nackte auf dem Rücken, Max steht mit einem Stiefel auf seinem Gemächt, rubbelt mit der groben Sohle über Sack und Schwanz, nimmt mir das Zeug ab. »Hock du dich auf seine Fresse. Arschlecken kann die Sau!« Ein Augenzwinkern. »Ich besorg's seinem Loch!«

Ich lasse die Uniformhose runter, gehe in die Knie, da wird es schon feucht in meiner Kimme, das Schwein züngelt um meine Rosette, die Zungenspitze bohrt sich in mich, es ist eine richtige Sau, die da unter mir liegt. Auf Max' Kommando zieht er die Beine an, und bekommt den wirklich großen, fetttriefenden Dildo in die Fotze geschoben. Die Möse schluckt das Teil wie nichts, der muss ordentliche Kaliber gewohnt sein, denn Max rammt ihm das Ding immer wieder volle Pulle rein, und die Zunge an meinem Loch wird immer rasender vor Geilheit.

»Fick dich doch selber!«, sagt Max, knallt den Dildo noch einmal kräftig rein, kommt dann zu mir, »Rück mal!«

Wir knien neben dem Kopf des Schweins, Max greift sich mein Rohr, beginnt zu wichsen, ich schnappe mir seines, was für ein geiles Teil, die Sau unter uns rubbelt sich mit einer Hand selbst einen ab, mit der anderen presst er sich den Dildo ins eigene Loch.

»Spritz ihm ins Maul!«, flüstert Max mir zu. »Wenn er weg ist, nehm ich mir dich noch vor!«

Ja! Das ist es, was ich will, was ich den ganzen Abend schon will, dass Max es mir besorgt, nicht diesem Schwein da, dem ich jetzt ins Maul spritze, der ist ganz heiß auf meine Sahne, noch den letzten Tropfen saugt er mir raus, und jetzt kommt er selbst, aus seiner Nille quillt die weiße Soße. »Danke, Herr Wachtmeister!«, stammelt er, »Danke, Herr Wachtmeister!«

Wir verziehen uns in die Küche, wo Max uns ein Bier aufmacht.

»Und?«, fragt er leise.

»Ich weiß nicht. Nicht mein Typ«, flüstere ich zurück.

»Denkst du meiner? Das ist Geschäft, weiter nichts.«

Klopfen an der Tür. »Ich wäre fertig, Herr Wachtmeister.«

»Hast du aufgeräumt?«

»Ja, Herr Wachtmeister, wie immer.«

Max geht raus, ich höre ein »Verschwinde!« und »Auf Wiedersehen, Herr Wachtmeister«.

Mit drei Fünfzigern in der Hand kommt Max wieder herein, zwei legt er mir hin. »Hier! Einer für dich, einer für Andreas.«

»Danke. Geb ich ihm morgen. Kommt dieser Typ öfter?«

»Alle zwei Wochen, schon seit einiger Zeit. Der will es so, hast du ja gesehen. Einmal hat er mich eine Stunde warten lassen. Da musste ich ihn festbinden, so hat er gezappelt. Aber er hat seine Sechzig kassiert. Ungefähr beim fünfzigsten hat er abgespritzt. War mir aber egal, ich hab weiter gemacht. Bei seinem nächsten Besuch war er pünktlich.«

»Uaah!« Unwillkürlich fasse ich mir an den Hintern.

Wieder Knacki

Max mustert mich abschätzig, seine Augen werden zu schmalen Schlitzen. »Wirst du schön parieren, wenn ich was sage? Oder brauchst du auch was hinten drauf?«

So wie er mich ansieht, bin ich sofort wieder der kleine Häftling, obwohl ich die gleiche Uniform trage wie er. »Bitte nicht, Herr Wachtmeister. Ich mache alles, was Sie wollen!«

»Sei vorsichtig, Schuler, ›alles‹ kann bei mir ziemlich viel sein! Zieh dich aus, los! Und auf den Boden mit dir!«

»Ja, Herr Wachtmeister!« Im Nu bin ich nackt und auf allen Vieren, Augen starr nach unten.

Stiefel treten in mein Blickfeld. »Hab ich mich unklar ausgedrückt? Ich sagte ›Auf den Boden‹!« Er steigt mit einem Bein auf meinen Rücken, drückt mich runter, bis ich platt wie eine Flunder auf dem Boden liege. »Na also. Jetzt leck!«

Meine Zunge arbeitet sich an beiden Schuhen von der Spitze die Schäfte hoch, ich möchte noch weiter nach oben, zu seinem Schwanz, doch unaufgefordert traue ich mich nicht, ich habe gesehen, Max hat den Rohrstock in einem Stiefel stecken, und er wäre imstande zuzuschlagen.

So lecke ich an dem schwarzen Leder, bis er mir befiehlt, mich umzudrehen.

Nun liege ich auf dem Rücken, er steht hinter meinem Kopf, über mir ragt seine Latte aus der Hose, auch seinen Sack hat er ausgepackt, ich würde nur zu gern daran nuckeln, doch stattdessen hält er mir einen Fuß vors Gesicht. »Leck! Die Sohle!«

Als ich nicht sofort reagiere, lässt er den Stock gegen seinen Stiefel knallen. »Du hast gesagt, du machst alles, was ich will! Also leck gefälligst! Oder überleg dir vorher, was du sagst!«

Zögernd ertastet meine Zunge das grobe Profil der Stiefelsohle. Hoffentlich läuft er damit wenigstens nur hier im Haus rum! Ich schmecke Gummi, kein Leder mehr, grundsätzlich nicht schlecht, wenn es nur nicht gerade eine Schuhsohle wäre …

»Hast wohl doch Respekt vor mir!«, stellt Max befriedigt fest. »Dafür darfst du mir jetzt den Arsch lecken, du Sau!« Er zieht seine Hose runter zu den Knien, geht in die Hocke, setzt sich auf meine Fresse, und meine Zunge macht sich sofort auf die Suche nach seiner Rosette.

Ausgiebig lässt er mich an seiner Grotte schlabbern, das gefällt uns beiden, ich merke, mein Harter sondert schon was ab, ich muss aufpassen, bloß noch nicht kommen, er wird mich mit Sicherheit vögeln wollen, hat ja vorhin seine Soße nicht mit dem anderen Typen vergeudet, für mich hat er sie zurückgehalten!

»Du ölst ja schon!«, stellt er fest. »Was ist los?«

»Ficken!«, presse ich mit Mühe unter seinem Hintern hervor. »Bitte, ficken!«

»In dein schwules Arschloch?« Er steht auf.

»Ja, Herr Wachtmeister, bitte! In mein schwules Arschloch!«

»Lutsch!« Seine Latte wippt über mir, ich rapple mich auf, sauge mich daran fest, dieses Teil ist so geil, so geil …

Max stellt die Bierflaschen beiseite, klopft auf die Tischplatte. »Hier drauf! Auf den Rücken! Zeig mir deine Fotze!« Er hat eine Tube Gel aus der Hosentasche gepfriemelt, schmiert sich ein, und ich lege mich auf den Tisch, ziehe die Beine an, bereit zum Anstich liege ich da, kann es kaum erwarten.

Max spuckt mir in die Kimme, spielt mit einem Finger an meinem zuckenden Eingang, steckt ihn mir schon mal bis zum Anschlag rein. Bei ihm probiere ich das mit dem Zukneifen des Lochs lieber nicht, der würde mir nicht nur mit den Händen ein paar überziehen, bei ihm käme sicher der Stock zum Einsatz. Besser nicht.

Er setzt an. Ich fühle seine pralle, runde, harte Eichel an meiner Arschmöse, langsam, doch in einem Zug, presst er sich in mich, bis seine Lenden an meinem Hintern kleben und es einfach nicht mehr tiefer rein geht.

Wimmernd lasse ich mich bürsten, er ist so ein geiler Ficker, warum bloß ist er im Knast nicht jeden Tag zu mir gekommen?

Mein Schwanz tropft und tropft, nun fasst er ihn auch noch an und mein »Nicht! Bitte … nicht …« geht unter in seinem lauten »Ja! Ja! Ja! Du geile Sau! Dir geb ich's! Ja! Ich spriiii…! Aaah!« Mit jeder Silbe stößt er zu und pumpt mich voll, und bei jeder Silbe treibt es mir das Zeug heraus, ich weiß gar nicht, wo das alles herkommt, über und über saue ich mich ein.

Auch Max ist jetzt erschöpft, stützt sich eine Weile am Tisch ab, ehe er seinen Schwengel aus meinem Arschkanal zieht, der sich schmatzend wieder schließt.

»Du bist eine geile Sau, Max!«

Mit erhobenem Finger, doch grinsend, droht er: »Pass auf, was du sagst! Für dich ›Herr Wachtmeister‹!«

»Zu Befehl ... Max! Beim nächsten Mal wieder!«

Beim Umziehen habe ich Max noch mal ausgiebig bewundert, was ihm nicht entgangen ist. »Findest mich geil, was?«

»Und ob! Hast du eigentlich im Bau noch mehr wie mich ...«

»Natürlich! Denkst du, ich hätte dich sonst nur ein- oder zweimal die Woche durchgezogen? Es gibt genug, die so nach meinem Stempel gieren wie du.«

Glaube ich, sofort.

Max ist gefahren, meinen Brief hat er mitgenommen, ich spüle oben bei mir das Zeug vom Abendessen weg, höre dabei Musik.

Klopfen an der Tür, gleich darauf steht Andreas in der Küche. »Hab gesehen, bei dir ist noch Licht. Lust auf einen Absacker?« Er hat eine Flasche Whisky mitgebracht und ein Schriftstück in der Hand. »Ich hab auch Neuigkeiten für dich.«

Ich stelle zwei Wassergläser bereit, wir setzen uns, er schenkt großzügig ein.

»Ich musste wegen dir heute eine Runde ausgeben. Sie

haben mich für die erfolgreiche Wiederaufnahme gefeiert! Prost! Auf deine Freiheit!«

»Prost! Auf meinen Anwalt!«

»Der hat was für dich. Hier!« Er schiebt mir ein Dokument zu. Eine Art Zeugnis vom Gefängnis. In jeder Beziehung eine glatte Eins.

»Und noch was!« Er gibt mir eine Visitenkarte. »Ein Kollege, der Partner einer größeren Kanzlei ist. Sie suchen jemand für eine Elternzeitvertretung. Juristische Vorkenntnisse erwünscht, aber nicht unbedingt nötig. Du sollst ihm Lebenslauf und Zeugnisse mailen. Ist vielleicht nicht unbedingt das, was dir vorschwebt, aber wenn das ausläuft, ist hoffentlich dein Prozess abgeschlossen, und dann hast du viel bessere Chancen, wieder was Festes zu finden.«

»Ich probier's. Danke, Andreas.«

»Gerne. Als letztes noch eine gute Nachricht: Ein auf Arbeitsrecht spezialisierter Kollege sagt, du müsstest auf jeden Fall Arbeitslosengeld kriegen. Falls es Probleme gibt, wird er dir ein Schreiben aufsetzen.«

»Du bist der Größte! Prost, Andreas! Auf meinen Lieblingsanwalt!«

»Zum Wohl! Jetzt bist du dran. Was hast du heute gemacht?«

Ich berichte vom Brief meiner alten Firma, Ingeborgs Einladung, lande schließlich bei Max und seinem Kunden, gebe Andreas einen Fünfziger. Hier will er alles wissen und löchert mich geradezu.

»Ich hab den schon mal gesehen«, sagt er. »Nicht mein Fall. Weder vom Typ her, noch was der will.«

»Meiner auch nicht. Und ich könnte, auch für Geld, mit einem, der mir so überhaupt nicht liegt, nie rummachen. Wenn Max nicht dabei gewesen wäre, hätte ich garantiert keinen hochgekriegt. Ich bin nicht geeignet als Nutte.«

»Wenn Max oder ich dabei wären schon. Wie ging's denn weiter?«

»Ja, dann waren Max und ich allein und ...« Alles will er wissen, und ich lasse auch nichts aus, merke, wie er bei meiner Erzählung immer heißer wird, seine rechte Hand ist längst unter dem Tisch verschwunden, und als ich zu dem Punkt komme, wo Max in meinem Arsch abgespritzt hat, hält es ihn nicht mehr.

»Hast du seine Soße noch drin?«

»Ja, schon ...«

Er zerrt mich vom Stuhl hoch, schiebt mich vor sich her zu meinem Bett, fummelt mir die Klamotten runter, schmeißt mich bäuchlings hin, und gleich darauf kniet er hinter mir. Das Hemd hat er noch an, unten rum hat er sich freigestrampelt und da ist schon sein Kolben an meinem Hintern. Ich höre ihn spucken, ein nasser Finger bohrt vor, weitere Spucke auf seinen Harten, mit seinen Knien spreizt er meine Beine, und als er nun ansetzt gleitet seine Kanone wie geschmiert in mein empfangsbereites Loch. Ich weiß, das wird jetzt schnell gehen, so habe ich ihn mit meinem Gerede aufgegeilt, und im Gegensatz zu mir hat er heute Abend ja noch nicht zweimal ... nehme ich zumindest an.

Er presst und knallt mich in die Matratze, und bei dem Tempo, das er drauf hat, komme ich gar nicht dazu, irgendwie mitzumachen, sogar von seinem Gestammel verstehe ich kaum was, und da ist es schon so weit, der Schwanz in mir zuckt und pumpt mich voll, letzte Fickstöße noch, dann lässt er sich auf mich fallen, ich habe seinen Atem nun im Nacken. »Du Schwein!« stöhnt er, »Schwein, Schwein, Schwein!«

Ich drehe meinen Kopf zur Seite, Wange auf Wange liegen wir jetzt, ich verrenke mir den Hals, er kommt mir entgegen, unsere Lippen treffen sich, und nach einer ganzen Weile sagt er »War ich zu schnell?«

»Nein. Du warst so geil ... und dass du wegen mir so geil bist ... du hast mal gesagt, du wirst mich nehmen und durchficken, wenn dir danach ist. Seitdem habe ich gehofft, du machst das wirklich. Es war megageil. Nimm mich! So oft du willst! Ich meine es so!«

»Ich hab's kapiert, du kleine Nutte! Hab mich den ganzen Tag auf deinen Arsch gefreut! Und dass vorher Max drin war, macht's noch geiler! Willst du auch noch?«

»Wenn du drin bleibst ...« Eine Vierteldrehung, dann komme ich bei mir dran und kann mir mit Lochfüllung genüsslich einen runterholen.

»Komm mit runter!« sagt er dann. »Dieses Bett ist einfach zu schmal. Und für heute noch mal ist es zu spät, aber morgen früh vielleicht ...«

Gemütlich Bumsen

Nach einem kleinen Morgen-Quickie erkundige ich mich beim Frühstück nach dem Anwalt, bei dem ich mich bewerben soll. »Was weiß er? Was sage ich, was besser nicht?«

»Er weiß, dass du im Knast warst und warum. Aber Juristen ist klar, dass du unschuldig bist, sonst wäre die Wiederaufnahme nicht durchgegangen. Wir scannen gleich noch dein Knastzeugnis, schick es ruhig mit. Wenn heute tagsüber was ist, kannst du runterkommen. Ich bin da, erwarte aber keine Klienten.«

»Und wenn deine Bürotür zu ist, weiß ich, du holst dir grade einen runter.«

»Du bist ganz schön frech. Das wird Konsequenzen haben!«

Ich feile bestimmt eine Stunde am Text meiner Bewerbungsmail. Andreas meinte zwar »formlos«, aber natür lich muss es trotzdem freundlich, korrekt, aussagekräftig sein.

Später am Vormittag sehe ich den Briefträger und hole rein, was er in den Kasten gesteckt hat. Es ist was für mich dabei. Von Fabian! Den Rest bringe ich in die Kanzlei zu Frau Schober, wir reden ein wenig, ich registriere Andreas' geschlossene Tür.

Fabian bedankt sich für meinen Brief, schreibt, dass diesen hier Bernauer für ihn einwerfen wird. In der Wäscherei hat er zwei neue Kollegen, mit denen er klarkommt, und Olegs neuen Lustknaben schildert er so ähnlich wie Max. »Alle schwärmen von seinem Arsch. Hab nichts dagegen, lassen sie mich in Ruhe.« Ob ich ihn mal besuchen komme? Oleg könne bestimmt was drehen, damit wir uns sehen können.

Das glaube ich auch, daran wird es nicht scheitern. Allerdings ist es mit öffentlichen Verkehrsmitteln nicht so ganz einfach, dort hin zu kommen.

Ich will mir gerade den Rest eines Eintopfs von gestern aufwärmen, als es klopft; auf mein »Ja!« kommt Andreas herein.

»Na, hast du vorhin telefoniert, als ich Ingeborg die Post gebracht habe?«, ziehe ich ihn auf und zeichne beim Wort »telefoniert« Gänsefüßchen in die Luft

»Du brauchst wohl den Arsch voll, was? Du glaubst doch nicht, dass ich mir selbst behelfe, wenn so was Geiles wie du im Haus ist!«

Er ist schon aus seinen Schuhen gestiegen und aus Hose und Hemd geschlüpft, den Slip klemmt er sich unter die Eier, sein Rohr pumpt sich gerade auf, und an den Schultern zwängt er mich zu Boden. »Maul auf! Leck!«

Breitbeinig knie ich vor ihm, lutsche den wachsenden Kolben, fahre mit den Händen hinten in seinen Slip, klammere mich an diese heißen Arschbacken, er packt mich bei den Ohren, fickt mich ins Maul, seine Zehen spielen an meinem Schwanzpaket, mein Harter wird noch härter, seiner auch, tief in meinem Schlund steckt er, ich kriege kaum Luft. »Dein Arsch ist heute Abend dran!«, stößt er hervor, es klingt wie eine Drohung, doch ich nehme es als Versprechen, kralle mich an seinen Hintern, aus Vorfreude geht mir einer ab und wieder versaue ich eine Hose.

Andreas legt einen Zahn zu, immer schneller wird er, sein Riemen noch größer, noch härter, es geht los, hinten in meinem Hals pumpt er mir seinen Eierschleim rein, und er muss sich zusammennehmen, um seine Geilheit nicht laut rauszuschreien. Den nassen Fleck auf meinem Hosenlatz kommentiert er nicht.

Wir teilen meinen Gemüseeintopf, viel ist es nicht für jeden, aber ich wollte sowieso noch einkaufen gehen. »Soll ich dir was mitbringen?«

»Machen wir uns heute einen gemütlichen Abend? Nur wir? Kannst du was vorbereiten?«

»Magst du Pizza? Also nicht von Dr. Oetker, selbstgemacht.«

»Ja, gern … willst du gleich unten backen? Da können wir dann auf dem Balkon essen.«

Er hat mir in seiner Küche gezeigt, was wo ist, hat mir einen Schlüssel gegeben, und ist wieder in die Kanzlei. Ich bin die Vorräte durchgegangen und habe besorgt, was ich noch brauche. Und weil ich zwar einen Balkon, aber noch keine Balkonmöbel habe, habe ich dann bei Andreas in der Sonne gedöst, bis ich mit dem Teig anfangen musste.

Die Pizza bäckt, und Andreas wundert sich über ein Glas Nutella im Regal.

»Das ist von mir. Ich sterbe für Nutella. Ich hoffe, morgen hier zu frühstücken!«

»Das hast du eigentlich gar nicht verdient, so frech, wie du heute warst, und weil du ohne Erlaubnis abgespritzt hast! Ich sollte dir eine Tracht Prügel verpassen und dich ohne Essen ins Bett schicken!«

»Das könntest du doch gar nicht!« Lachend drücke ich ihm einen Kuss auf die Wange.

»Sei dir da mal nicht zu sicher!« Er setzt sich auf einen Küchenstuhl, packt mich, legt mich übers Knie und vermöbelt mir den Hintern, bis mich das Klingeln des Küchenweckers erlöst.

Er hat gut zugelangt, und obwohl ich ja angezogen war, zieht es ganz schön. »Verstehst du das unter einem gemütlichen Abend?«

»Tut's weh? Macht nix, davon wirst du nur noch geiler! Außerdem hast du's verdient! Wir machen später weiter, schau mal nach dem Ofen!«

Wir lassen uns die Pizza schmecken, sie ist gut geworden, ich kriege ein Lob. Allerdings finde ich keine wirklich bequeme Sitzposition und rutsche unruhig auf dem Stuhl hin- und her. Mein Hintern … Andreas beobachtet mich grinsend. »Tut dir der Popo weh?«

»Ja! Und wieso hab ich es verdient?«

»Für deine Frechheit heute Mittag!«

Es wird trotzdem noch ein gemütlicher Abend und Andreas erzählt von seiner Kanzlei: »Mit Leo hab ich schon studiert. Er wird dir gefallen, denke ich. Wo du doch auf richtige Männer stehst.«

»Macht ihr eigentlich ... also ich meine, ihr alle hier, nicht nur du und Leo, macht ihr auch miteinander rum?«

»Nein, wir sind alle dominant. Uns verbindet, dass uns Knast und Knackis anmachen. Und du mich ganz besonders. Auch, aber nicht nur, weil du eben echt bist. Mit Knasterfahrung. Oleg, Max und Sepp erzählen manchmal, was im Bau so alles läuft. Weißt du, es gefällt mir, mit dir allein hier im Bett, das ist schön, und auch geil, wirklich, aber es macht mich irrsinnig an, wenn ich weiß, dass dich ein anderer grade hatte, und du noch seine Soße drin hast, so wie gestern ...«

»Das hab ich gemerkt. Du bist richtig ausgeflippt! Aber ich hab ja gesagt ...«

»Ich soll dich nehmen und durchficken, wenn mir danach ist. Weiß ich. Und mach ich.«

Als es kühl wird gehen wir rein. Andreas setzt sich aufs Sofa, meint, ich sollte mich über seine Beine legen. Das T-Shirt schiebt er mir hoch, die Shorts runter, streicht über meine Halbkugeln. »Heißer Arsch!« sagt er, und mir entlockt es unwillkürlich ein lüsternes Stöhnen.

»Wusst' ich doch! Ein paar hinten drauf machen dich geil, was?«

»Nein ... ja ... kommt drauf an ... Sechzig mit dem Rohrstock von Max machen mich nicht geil ... und so wie Kurt mit dem Gürtel zugeschlagen hat, auch nicht ...«

»Oh, den Rohrstock und den Gürtel nehme ich nur, wenn du sehr ungezogen bist!«

Allein der Gedanke lässt meinen Hintern beben. »Das würdest du nicht wirklich ...«

»Willst du's drauf ankommen lassen?«

»Nein, ich ... ich mache doch alles, was du willst ...«

»Das merke ich mir. Dann hol mal, was wir brauchen«, schickt er mich los, und ich weiß nicht, ob das eben ernst gemeint war. Als ich mit Küchentüchern und Gel zurückkomme, sitzt er ganz nackig und breitbeinig auf dem Sofa, Oberkörper nach hinten gelehnt, spielt mit seinem Hammer. »Lecken!«

Ich kauere mich zwischen seine Beine, schlabbere an seinem Sack, nuckle und sauge an den Eiern, bin schon heiß auf die Sahne darin, die ich sicher noch abkriegen werde.

Er rutscht nach vorne, nun komme ich auch an sein Loch, speichle es ein, zwänge erst meine Zungenspitze, dann einen Finger in diese heiße Rosette, er nimmt mich auf, sein Stöhnen wird laut. »Lässt du dich auch bumsen?« Auf die Idee bin ich noch nie gekommen, aber so wie er jetzt mitmacht, würde es mich nicht wundern.

»Manchmal ist mir danach ... aber heute bist du dran ... setz dich drauf!«

Ich schmiere uns ein, knie mich auf dem Sofa über ihn, hinter mir halte ich sein Rohr, suche damit meinen Eingang, lasse mich fallen, als der Schwanzkopf sein Ziel gefunden hat. Und dann sitze ich auf seinem Schoß, mein Arschkanal ist völlig ausgefüllt, ich lehne mich an seine Brust, umarme ihn und seine Hände halten meinen Rücken. »Schön«, flüstert er mir zu. »Schön! Lass dir Zeit!«

Ja, schön. Aber … »Andreas, war das vorhin ernst gemeint? Mit dem Rohrstock?«

»Hast du Angst vor mir? Musst du nicht … solang du alles machst, was ich will …«

Er hat sich wieder um eine Antwort gedrückt und trotzdem vergesse ich, wie am Samstagabend, als er auf mir lag, in seinen Armen alles um mich herum. Da ist nur noch dieser große, starke Mann, der mich festhält, dessen großes, starkes Geschlecht in mir steckt, während meines zwischen uns eingequetscht ist. Wir bewegen uns kaum, und trotzdem hält seine Erektion, lang, sehr lang, draußen wird es langsam dämmrig und noch immer sitzen wir verstöpselt da.

Ich wende ihm das Gesicht zu, presse meine Lippen auf seinen Mund, da fasst er mir ins Haar, drückt meinen Kopf an sich, stemmt seinen Unterkörper hoch, seine Zunge bohrt sich in mich und er kommt und kommt und kommt, es hört gar nicht auf, und meine Latte schubbert zwischen unseren Bäuchen, ich kneife mein Loch zusammen, ich will jetzt auch, ich will … ja, jetzt, jetzt, jaaah, es wird nass und klebrig und ich saue uns ein.

»Du darfst hier frühstücken«, raunt er mir ins Ohr.

Die Betten sind frisch bezogen, stelle ich im Schlafzimmer fest. Und zwar gleich. Heute früh noch war seines blau gestreift und meines aus dem Gästezimmer gelb kariert.

»Ja«, erklärt Andreas, »Dunja war heute hier. Hatte ich ihr gegeben.«

»Macht sie auch die Wäsche?«

»Nein, ich lege ihr nur hin, was zu bügeln ist.«

»Und wo ist mein Schlafanzug abgeblieben?« Suchend sehe ich mich um.

»Den wird sie zur Dreckwäsche getan haben. Ich geb dir ein T-Shirt von mir ... das geht für dich als Nachthemd. Außerdem komm ich dann besser dran, als wenn du eine Hose anhast.« Er wühlt in einem Schrank, hält mir was hin. »Hier! Probier mal!«

Ich schlüpfe in ein weißes Etwas, betrachte mich im Spiegel. Das Ding reicht mir bis über den Hintern. Andreas zieht es etwas hoch, betatscht mich schon wieder. »Schmier dich schon mal ein. Falls ich heute Nacht Lust bekomme ...«

Er hat Lust bekommen. Irgendwann wurde ich von einer Hand am Arsch wach, Finger spreizten mein Loch. Im Dunkeln das Ganze, nach einigen schnellen Stößen war es schon vorbei und ich bin gleich wieder eingepennt.

»Geile Träume, was?«, frage ich am Morgen.

»Wahrscheinlich. Ich weiß es nicht. Ich bin aufgewacht, weil ich aufs Klo musste, aber mein Ding war so hart, dass ich nicht hätte pissen können. Da dachte ich, wenn du schon neben mir liegst ... und als ich aus dem Bad zurückkam, hast du schon wieder geschlafen.«

»Also, in der Nacht ist ja nicht mal im Knast einer über mich hergefallen.«

»Damit musst du hier rechnen. Wenn mir danach ist ...«

»Ich weiß. Wirst du mich nehmen und durchficken. Ich rechne jederzeit damit.«

Beim Frühstück frage ich, ob Andreas mal einen Termin im Gefängnis hat.

»Wieso? Willst du hin?«

»Ja. Ich habe einen Brief von Fabian bekommen und möchte ihn besuchen. Du weißt schon, mein Kollege aus der Wäscherei.«

»Ich weiß. Der, über den Sepp mit dir geredet hat. Dein Freund?«

»Ja … nein … mir ist klar, dass Sepp recht hat. Fabian ist nicht schwul. Aber mit ihm konnte ich reden, wenn's mir mal nicht gut ging. Oleg hat so was nicht gemerkt. Sepp schon, aber der war ja nicht immer da. Und ich hab versucht, ihm zu helfen, wenn die anderen ihn mal wieder nur benutzt haben. Du weißt schon. Das war für ihn viel schlimmer als für mich.«

»Verstehe. Ich hoffe es zwar, aber ich würde auch für mich nicht die Hand ins Feuer legen, wenn ich da monatelang eingesperrt wäre mit einem jungen Burschen neben mir. Ob ich immer fragen würde … ich weiß es nicht.«

»Ich weiß es schon. Du hältst ja nicht mal eine Nacht durch ohne … Aber im Ernst: Ich mag Fabian, und er mich sicher auch, aber gelaufen ist mit uns nur was wegen der Umstände. Das ist alles. Sepp hat jetzt sicher ein Auge auf ihn, in der Wäscherei passiert ihm nichts. Aber auf dem Flur sagt Oleg ›Muss sein‹. Also, er ist nicht *mein* Freund, sondern *ein* Freund, den ich sehen möchte.«

»Warum sitzt er ein?«

»Drogen. Aber er ist clean. Dafür sorgt Oleg.«

Andreas nickt. »Vielleicht nächste Woche. Ich sag dir Bescheid.«

Beim Wichsen erwischt

Andreas hat einige Termine außer Haus, und da Frau Schober freitags nicht arbeitet, habe ich das ganze Haus für mich allein.

Vor genau einer Woche bin ich rausgekommen. Und wenn es im Knast relativ gut war, so ist es jetzt richtig gut. Ich habe eine Wohnung, eine Stelle werde ich schon noch finden, und bezüglich der Neuauflage meines Prozesses ist Andreas sehr zuversichtlich. Und er selbst schließlich … ein Traum. Aber in einer anderen Liga.

Dazu hatte ich, zumindest diese erste Woche, fast soviel Sex wie im Knast. Und zwar, abgesehen von Max' Kunden, nur mit richtig geilen Männern. Oleg, Sepp, Max, Richard. Und, ich weiß schon nicht mehr wie oft, mit Andreas. Wenn er mich hernimmt, weil ihm gerade danach ist, der Wahnsinn! Und wenn ihm nach Kuschelsex ist, auch!

Er hat gefragt, ob ich die Wäsche machen könnte, weil eben keiner im Haus und nicht zu befürchten ist, mit einem Korb Dreckwäsche im Treppenhaus einem Klienten zu begegnen. Natürlich kümmere ich mich darum und sortiere das Zeug aus der Wäschetonne erst mal vor. Unter der alten Bettwäsche kommt mein Schlafanzug zum Vorschein, und ich möchte ja nicht wissen, was sich Dunja bei diesem grauen Teil mit aufgenähter Nummer gedacht hat. Handtücher, Hemden von Andreas, Socken, seine Unterhosen ... und ich kann nicht anders, diese verschwitzten Dinger, ich schnüffle an der, die gestern noch seinen Schwanz, seinen Sack, seinen Arsch bedeckte, hole mir dabei einen runter, spritze in einen der anderen Slips.

Während die erste Trommel läuft, sehe ich mich im Keller nochmals um. Die Küche ist nicht üppig ausgestattet, aber das Wichtigste ist da. Sogar ein Teil des Geschirrs kommt mir bekannt vor, das muss aus dem Knast stammen. Einige lang haltbare Vorräte und Getränke.

Der Raum mit den Uniformen ist interessanter. Max' Stiefel, die ich lecken musste. Seine Unterhose ... ich könnte schon wieder, aber ich weiß nicht, wann Andreas zurückkommt, und dann möchte ich mich nicht verausgabt haben. Falls ihm gerade »danach« ist.

Erst jetzt wird mir bewusst, dass Max vorgestern, ehe sein Kunde kam, auch die Wäsche gewechselt hat und es hier Aufseher-Unterhosen und -hemden gibt, für alle gleich, dunkelblau, wie die Uniformen, und mit Namens-, nein, Initialen-Etiketten versehen. Das gab es im Knast nicht – zumindest in der Wäscherei haben wir nur Hosen, Hemden, Jacken der Aufseher gewaschen. Keine Unterhosen.

Als ich später wieder im Keller bin, halte ich es einfach nicht mehr aus. Allein der Geruch nach Leder hier, das Wissen, wem diese geilen Uniformen gehören ... es muss jetzt sein!

Ich ziehe mich ganz aus, stelle einen von Max' Stiefeln

auf einen Stuhl, hocke mich mit aufgerissener Kimme darauf, spüre das Leder an meiner blanken Rosette. Den anderen Stiefel habe ich vor mir auf den Tisch gestellt, abwechselnd lecke ich daran und sauge an der Unterhose, in die ich beim Wäschesortieren schon gespritzt habe.

Ich lasse mir Zeit. Erstens ist es saugeil, zweitens muss ich eh warten, denn die Maschine schleudert noch. Ich habe die Türen offengelassen, um zu hören, wann sie fertig ist.

Intensiv wetze ich meine Ritze an dem Stiefel, will es jetzt rauslassen, als jemand sagt: »Hier treibst du dich also rum!«

Ich habe Andreas nicht reinkommen gehört. Und er muss mir ansehen, an welchem Punkt er mich erwischt. »Du kleine Nutte!« zischt er, und jetzt ist es endgültig zu spät und ich schaffe es gerade noch, mir seinen Slip vor den Schwanz zu halten, ehe ich abspritze.

»Du hast meine Unterhose versaut«, stellt Andreas noch fest, während er sich schon auszieht. »Dir ist klar, was jetzt kommt?«

»Ja«, kann ich nur stammeln. »Du wirst mich nehmen und durchficken, weil dir danach ist.«

»Und wie mir danach ist!« Sein Steifer zeigt es überdeutlich.

»Andreas, nur ein paar Minuten, bitte,… die Waschmaschine ist gerade fertig geworden …«

Mit dieser Bemerkung bringe ich ihn aus dem Konzept. »Ich glaub's ja nicht! Die Waschmaschine ist dir wichtiger als ein ordentlicher Arschfick! Wenn ich das den anderen erzähle …« Er kriegt sich vor Lachen nicht mehr ein.

»Musst du ja nicht.« Ich rapple mich auf und drücke ihm einen Kuss auf die Wange. »Bitte! Nur eine Viertelstunde!«

»Grade waren's noch ein paar Minuten! Verschwinde zu deiner Wäsche! Aber mach dich auf was gefasst! Ich hab schon eine Idee …«

Ich beeile mich mit der Wäsche, Andreas sieht wichsend zu. Nackt, nur Stiefel hat er angezogen. Und auf die deutet er jetzt.

»Schmeckst du was?«, fragt er, als ich leckend vor ihm knie. »Ich hab die Dinger mit der versauten Unterhose abgerieben.«

Ja, ich merke es. Ich lecke nicht nur Leder, ich lecke auch mein eigenes Sperma.

Andreas spuckt sich in die Hand, bückt sich, lässt die Finger in meiner Ritze abwärts wandern. Er spielt mit meiner Rosette, und als er sie aufbohrt, werde ich schon wieder geil und kann mein Stöhnen nicht unterdrücken.

»Bleib so!«, befiehlt er, und so lasse ich den Kopf am Boden, recke den Hintern in die Höhe, den verschmierten Slip wirft er mir mit einem »Saug das aus!« noch hin, und dann kniet er sich hinter mich und ich bin dran. Er nimmt mich und fickt mich durch, weil ihm danach ist. Und wie! Er wechselt zwischen schnellen kurzen und tiefen Stößen, weit in mich rein, zieht seinen Schwanz ganz raus und bohrt mich wieder auf. Er greift sich mein hart gewordenes Rohr, wichst mich, ich kaue auf dem versifften Slip, sein Bocken wird härter, fordernder, seine Hand an meinem Riemen hektischer, unkontrollierter, wenn er so weiter macht, reißt er ihn mir noch ab.

»Jaa!«, schreit er jetzt, »Ich spritz dir in den Arsch, du Schwein! Ja! Ja! Ja!«, und mit jedem »Ja« pumpt er mir seine Soße rein.

Saugeil, doch ich bin noch nicht so weit. Ich hoffe, er bleibt in mir drin, aber nein, er hat den Kolben schon rausgezogen, und als ich mir trotzdem einen abrubbeln will, hält er mich auf. »Sauberlecken! Dann darfst du!«

Wie befohlen nuckle ich den verschmierten Riemen, der mich eben noch durchgezogen hat. Andreas hat einen Fuß zwischen meine Schenkel gestellt, mein Sack liegt auf seinem Schuh und mit der Spitze ist er an meiner offenstehenden Grotte zugange. Er fickt mich nicht ins Maul, er presst mich so fest an sich, dass ich nur mit der Zunge mit seinem langsam in meiner Mundhöhle schlaff werdenden Schwanz spielen kann, dabei wie ein Blöder wichse, es ist geil, geil, geil, aber ich bin eben erst vor einer Viertelstunde schon gekommen. Andreas merkt, wie ich mich abmühe, und er weiß, worauf ich reagiere.

»Spritz schon ab!«, sagt er, »du kleine Nutte!«, und auch wenn es nur ein paar Tropfen sind, die da rauskommen, er hat mir zum vierten Orgasmus verholfen.

Wir haben schnell was gegessen, und ich habe mich bedankt, weil er mir nach dem Abspritzen in die Unterhose etwas Zeit ließ, ehe er mich durchgezogen hat.

»Ich will doch, dass meine Nutte auch geil ist, wenn ich sie in den Arsch ficke!«

»Danke … Chef!«

»Das hast du jetzt das erste Mal zu mir gesagt! Merk ich mir …«

Andreas musste dann nochmal los, und ich habe, nachdem ich mit der Wäsche fertig war, mein Postfach bei der Arbeitsagentur gecheckt und zwei neue Nachrichten gefunden. Ich soll mich am Dienstag wo vorstellen. Und sie bewilligen Arbeitslosengeld für 360 Tage! Ich werde davon nicht reich, aber es langt zum Leben, das ist eine große Erleichterung, und ich schreibe Andreas gleich eine kurze Nachricht. Außerdem lege ich ihm 200 Euro auf den Küchentisch. Für Nebenkosten und Haushaltskasse.

Ich mache mich halbwegs schick und warte auf seinem Balkon. Er kommt spät zurück, es ist nicht viel Zeit, ehe wir aufbrechen müssen, und die Diskussion, die er wegen des Geldes anfangen will, würge ich mit Verweis auf das Arbeitslosengeld sofort ab. »Du hast selbst gesagt, wenn ich Geld kriege, kann ich mich am Haushalt beteiligen.«

»Dafür musst du oft mit mir frühstücken!«

»Mach ich.«

Bei dem Fest fühlte ich mich nicht wohl und kam mir irgendwie fehl am Platz vor. Frau Schober war zwar sehr nett und hat sich mit mir über die Nachrichten des Arbeitsamtes gefreut, aber sie hatte sich natürlich um alle Gäste zu kümmern und wenig Zeit für mich. Andreas kannte einige Leute und hat sich bald mit ihnen unterhalten, aber ich konnte mich an keinem Gespräch über irgendwelche aktuellen Themen beteiligen, und warum ich das nicht konnte, wollte ich nicht an die große Glocke hängen. So habe ich mich, weil ich zurückfahren sollte, nach einem Glas Sekt an Orangensaft und das Büffet gehalten und mich bemüht, nicht zu gelangweilt zu wirken.

Irgendwann ist Andreas und der Gastgeberin aufgefallen, wie unbeteiligt ich rumstand, und sie wollten wissen, was los sei. Ich habe mein Problem geschildert.

Andreas hat sofort genickt. »Ja, verstehe. Wir fahren bald, ich verabschiede mich nur noch von einigen Leuten. Du entschuldigst uns bitte, Ingeborg?« Er wendet sich ab.

»Bitte nicht böse sein«, habe ich mich angeschlossen. »Es ist wirklich sehr nett, dass Sie mich eingeladen haben, aber …«

»Ich verstehe schon«, hat sie gesagt, »das ist nicht der richtige Rahmen, um Ihre Situation zu erklären. Wir beide unterhalten uns nächste Woche mal, wenn die Herren Anwälte unterwegs sind.« Und, leise: »Er mag Sie nicht nur, Daniel. Ich kenne ihn. Und sagen Sie doch Ingeborg zu mir.«

»Ingeborg meint, du magst mich nicht nur«, setze ich vorsichtig bei der Rückfahrt an.

»Und sie meint, sie kennt mich«, ergänzt Andreas. »Ich habe gute Ohren.«

»Und, kennt sie dich?«

»Seit ich in den Windeln lag.«

Er drückt sich mal wieder um eine klare Antwort. »Andreas, deine Art, Fragen nicht zu beantworten, macht mich noch wahnsinnig!«

»Ich bin Jurist. Damit musst du leben. Außerdem hab ich geantwortet. Du musst nur richtig zuhören.«

Während ich noch überlege, was er damit meint, will er wissen, als was ich mich vorgestellt hätte, falls eine entsprechende Frage gekommen wäre.

»Ich weiß nicht. Du sagst immer, ich bin deine kleine Nutte. Soll ich das den Leuten sagen?«

Andreas platzt geradezu vor Lachen. »Besser nicht. Obwohl es so ist. Du *bist* nämlich meine kleine Nutte. Aber nicht nur. Hast du verstanden, was ich vorhin gesagt habe?«

»Na, dass Ingeborg dich schon immer kennt.«

»Ja. Und was heißt das wohl?« Er redet mit mir wie mit einem kleinen Kind.

»Sie … kennt dich wirklich. Und du … ?«

»Endlich hast du's kapiert! Willst du nicht sagen, du bist mein Freund?«

Nach einem Blick in den Rückspiegel lege ich eine Vollbremsung hin und rangiere in eine Parklücke. »Wie meinst du das?«

»Wie ich es gesagt habe. Ja, ich mag dich nicht nur, Daniel, es ist mehr. Du weißt, wie ich bin. Willst du's mit mir probieren?« Gespannt und nervös sieht er mich an.

»Andreas, ja … ich will … aber wir kennen uns doch so richtig erst eine Woche …«

Vor genau einer Woche saß ich vor dem Gefängnis neben ihm und habe geheult, und jetzt hocke ich hier in seinem Auto und heule schon wieder, aber diesmal streicht er mir über den Kopf, beugt sich zu mir, drückt mir fast scheu einen Kuss auf die Wange. »Alles gut … nicht weinen … ich passe auf dich auf, Daniel.«

Irgendwie gelingt es mir, unfallfrei nach Hause zu chauffieren, obwohl meine Gedanken Karussell fahren.

»Richard ist da«, sagt Andreas, als bei der Ankunft auf dem Parkplatz der Kanzlei zwei fremde Autos stehen. »Wir gehen morgen mal runter. Jetzt brauchen wir niemanden.«

»Andreas«, fange ich, neben ihm auf dem Sofa, vorsichtig an, »halt mich nicht für eine Heulsuse. Aber ich bin noch nicht wieder richtig ich. Das letzte Jahr… und diese Woche…«

»Ist schon gut.« Er legt einen Arm um mich und zieht mich zu sich. »Ich mag dich auch wenn du heulst. Ich will morgens mit dir aufwachen. Und viel mehr. Russisch reden. Schach spielen. Eis essen. Ich finde dich irrsinnig geil, aber es ist nicht nur der Sex. Du kannst mich zum Lachen bringen. Es ist schön, dass du hier bist. Bleib bei mir!«

Und dann erzählt er, wie er mich bedauert hat, seit er von Oleg das erste Mal von mir gehört hat. Wie sehr ich sein Typ bin. Dass er weiß, ich bin keine Nutte. Wie es ihn aber anmacht, wenn ich mich wie eine verhalte und es mit Max, Sepp und den anderen treibe, weil ich Lust habe. Ich soll ihm davon erzählen, wenn er nicht sowieso mitmacht. Ob ich's mal für Geld mache, sei meine Entscheidung, aber er will dabei sein. Dass auch er weiter im Keller aktiv sein will. Mit mir, wenn ich möchte. Es gäbe noch viele Möglichkeiten. Ich könne natürlich oben wohnen, soll aber doch lieber bei ihm bleiben.

»Ich mag dich nicht nur, Daniel. Ich bin verrückt nach dir!«

Ich habe nichts gesagt, ihn nur geküsst, und nun liegen wir zusammen im Bett, er schläft bereits, nachdem er mich gebumst hat. Es war aber kein »Nehmen und durchficken«, das hatten wir tagsüber, jetzt haben wir uns geliebt und ich konnte mich in seinen Armen fallen lassen.

Und manchmal kommen mir Zweifel, ob das alles wahr ist.

Strafficks für den Häftling

Als ich aufwache, sehe ich Andreas' Blick auf mich gerichtet. »Gut geschlafen?«

»Sag mir, dass ich gestern nicht geträumt habe.«

»Hast du nicht. Ich bin verrückt nach dir!« Er schlägt meine Bettdecke zurück, das T-Shirt ist mir hochgerutscht, meine pochende Morgenlatte ragt empor.

»Da wollen wir doch mal!« Andreas umfasst mit seiner Pranke mein Rohr und beginnt, mich zu wichsen. Hart, fest, fordernd. »Mach schon!«, verlangt er, »Ich will sehen, wie's dir kommt! Lass deine Soße raus, du kleine Nutte!«

Er schiebt mir einige Finger in den Mund, ich lecke und sauge daran, er rubbelt wie blöd an meinem Rohr, flüstert mir Sauereien ins Ohr. »Spritz ab! Komm! Im Bau hätten sie dich doch heute in der Dusche durchgezogen! Mindestens fünf Mann! Und dir hätte das gefallen! Du Schweiiii … aaahh … mir kommt's …!«

Er wichst nicht mehr mich, sich selbst bearbeitet er, und ich bin gerade noch schnell genug, um meine Lippen um seine zum Platzen gespannte Eichel zu legen, ehe er abfeuert, und ich mich mit seiner Sahne im Mund selbst fertig machen kann, sein T-Shirt mit meinem Sperma versaue.

Weil ich frische Klamotten brauche, gehe ich rauf zu mir, dusche auch gleich oben, und als ich wieder runterkomme, packt Andreas in der Küche schon diverse Sachen aus dem Kühlschrank in einen Korb. »Wir frühstücken unten«, erklärt er, »mit Richard und Sepp. Der bringt Semmeln für vier mit.«

»Wollt ihr dann womöglich alle drei über mich herfallen?«

»Hättest du wohl gern, was?«

In der Kellerküche riecht es schon nach Kaffee. Richard sitzt mit einem Becher und einem Sudoku da, nickt uns zu. In Uniform fast noch geiler als in seiner Latzhose.

»Was macht er?« Andreas deutet Richtung Zelle.

»Ist für's erste versorgt. Ich hab ihn durchgefickt, ihm Frühstück gebracht, eine Strafarbeit gegeben, und zwischendurch kontrolliere ich, dass er auch nicht wichst. Bevor ich gehe, ist er noch mal dran. Dann übernimmt Sepp. Er müsste jeden Moment kommen.«

Wir räumen das Frühstückszeug auf den Tisch, Richard bringt Geschirr, und da hallt auch schon Sepps Bass durch den Gang: »Morgen, Kollegen!«

Gut bepackt tritt er in die Küche. Tüten vom Bäcker und vom Metzger hat er dabei und eine große Tasche, die er mir gibt. »Hier, für dich. Größe 48. Wusste gar nicht, dass es das so klein gibt.« Eine komplette Aufseheruniform kriege ich. Und dann noch Stiefel in 41.

»Danke, Sepp! Probiere ich gleich an!«

»Warte, wir ziehen uns alle noch um. Erst frühstücken wir, ich hab Hunger. Ist der Richter versorgt?«, wendet er sich an Richard.

Der nickt, verteilt Kaffee, wir setzen uns alle. »Der ist Richter?«, hake ich nach. »Und lässt sich einsperren?«

»Wir nennen ihn Richter«, erklärt Richard, »weil er immer einen Schrieb mitbringt, wozu er sich selbst verurteilt hat. So grob richten wir uns danach, aber mit ein paar Überraschungen für ihn. Hier, kannst du lesen.« Er gibt mir ein Blatt in einer Klarsichthülle.

»Der Angeklagte ist verurteilt zu einer Geldstrafe von 400 Euro und 40 Stunden strengem Arrest«, lese ich da, »in denen er den Anweisungen des Wachpersonals strikt Folge zu leisten hat. Insbesondere hat er sich seinen Aufsehern für mindestens 10 Strafficks jederzeit zur Verfügung zu halten. Die Befriedigung seiner eigenen Triebe ist ihm strengstens verboten. Ungehorsam und Zuwiderhandlungen werden hart bestraft. Die Strafzumessung liegt im Ermessen des Wachpersonals. Der Häftling hat Anspruch auf Unterbringung und Verpflegung gemäß den Richtlinien für den Regelstrafvollzug. Er kann zu Zwangsarbeiten verpflichtet werden, die er gewissenhaft zu erfüllen hat. Bei unbefriedigenden Leistungen können Strafen verhängt werden.«

»Das hat er selbst geschrieben?« staune ich. »Und er zahlt einen Haufen Geld dafür, dass er gefickt wird?«

»Ja«, sagt Richard, »und ich bin sicher, ihm ist beim Schreiben schon einer abgegangen. Er bringt immer so ähnlich formulierte ›Urteile‹ mit.«

»Na gut«, überlege ich, »pro Fick ist das eh nicht soo viel. Ihr vögelt ihn mit Mengenrabatt, oder?«

Andreas presst sich die Hand auf den Mund, um den Kaffee, den er gerade schlucken wollte, nicht prustend über dem ganzen Tisch zu verteilen. Sepp klopft sich wiehernd auf die Schenkel, Richard hält sich den Bauch vor Lachen.

Als sie sich wieder beruhigt haben, redet mich Andreas unvermittelt auf Russisch an: »Skazhem im?«

»Kakoy?«

»Chto s nami.«

»Da. Ja lublú tebjá.«

»Sag das noch mal!«

»Ja lublú tebjá!«

Sepp hat gerade den Mund voll, aber Richard starrt mich an. »Du kannst diese Zungenbrechersprache auch? Was sollen wir nicht wissen?«

»Nichts«, sagt Andreas. »Ich hab Daniel gefragt, ob wir euch sagen sollen, dass …«

Sepp würgt noch schnell was hinunter und unterbricht ihn. »Die Antwort hab ich verstanden. Toi, toi, toi! Ich …«

»Seit wann kannst du auch Russisch? Bin ich hier der einzige Doofe? Was ist los?«, unterbricht ihn Richard.

»Ich kann kein Russisch. Ich mag Alexandra.« Sepp singt: »›Ja lublú tebjá heißt Ich liebe dich, ach drei Worte nur, sie verzaubern mich …‹. Aus den späten Sechzigern.«

»Oh Gott. Das hat meine Oma gehört. Also ihr beide …«, wendet sich Richard wieder zu Andreas und mir.

»Ja, wir beide.« Andreas küsst mich. »Ja lublú tebjá!«

»Die zwei hat's voll erwischt. Siehst du doch! Lassen wir sie allein!« Sepp will aufstehen, doch Andreas hält ihn auf.

»Ihr könnt ruhig hierbleiben. Schenk mir Kaffee nach.«

Richard hat sich noch nicht wieder eingekriegt. »Also ihr beide seid ineinander verknallt, gut, verstehe. Was heißt das für …«, eine vage ausholende Handbewegung, »hier? Uns?«

»Nichts«, sagt Andreas. »Das mit Daniel und mir hat mit euch und dem Keller nichts zu tun. Er weiß noch nicht, ob er hier mitmacht, aber zu euch will er weiter nett sein.«

»Was heißt das jetzt wieder?«, mault Richard. »Er ist nett, ja. Und?«

»Das heißt«, erläutert Sepp, »wenn wir jetzt nicht Besuch hätten, könnten wir uns Daniel widmen. Andreas würde mitmachen und Daniel hätte Lust. Richtig?«

»Richtig«, antworte ich. »Ich hätte schon Lust auf euch, alle drei. Aber zahlende Kunden gehen vor.«

»Ja. Und darum kümmern wir uns jetzt.« Sepp steht auf. »Wie oft hast du ihn schon …?«

Richard hebt drei Finger. »Und einmal mache ich noch, ehe ich gehe.«

»Das heißt«, wirft Andreas ein, »bei zehnmal wird es nicht bleiben. Du kannst ihn auch bumsen, wenn du willst, Daniel.«

Andreas, Sepp und ich ziehen uns in dem Lagerraum um, und als wir alle drei völlig nackt dastehen, kann ich nicht anders, als beiden an den Schwanz zu packen. Zu gern würde ich mich jetzt damit beschäftigen.

»Lass das!«, sagt Andreas. »Du wirst nicht zu kurz kommen.«

Meine neue Uniform sitzt perfekt, das bestätigen auch die anderen.

»Heute bist du ein neuer Kollege. Willst du denn auch oder willst du nur zuschauen, wenn wir ihn knallen?«

»Ich will! Wenn schon mal eine Gelegenheit ist …«

Andreas gibt mir noch eine Schirmmütze, Handschellen, einen Schlagstock, und ich komme mir gleich etliche Zentimeter größer vor.

Ehe Richard die Zelle aufschließt, werfe ich einen Blick durch den Türspion. Der Häftling sitzt am Tisch und schreibt was. Als sich die Tür öffnet, steht er bereits stramm, Hände an der Hosennaht, Blick gesenkt.

Er trägt die grauen Anstaltsklamotten, die ich so gut kenne, und er wirkt völlig normal. Normal groß, normale Figur, um die vierzig, braune Haare, runde Brille, ein wenig intellektuell, alles in allem deutscher Durchschnitt.

»Machst du deine Strafarbeit?«, herrscht Richard ihn an.

»Ja, Herr Wachtmeister, natürlich.«

Ich sehe mir das Schulheft an, das da auf dem Tisch liegt. »Ich bin eine schwule Sau und muss dem Herrn Wachtmeister gehorchen« steht da. Immer wieder, nummeriert. 158, 159 …

»Wie oft muss er das schreiben?«, frage ich, und der Gefangene sieht auf, vermutlich, weil er meine Stimme nicht kennt.

»Zweihundertfünfzig Mal«, sagt Richard, »weil er dich angesehen hat.«

»Herr Wachtmeister, bitte«, bettelt der Gefangene, »Sie hatten gesagt zweihundert Mal.«

»Dreihundert mal! Hast du dumme Sau verstanden?«, fährt Richard ihn an.

»Ja, natürlich, Herr Wachtmeister. Verzeihung, Herr Wachtmeister.«

»Gut. Komm her!« Richard öffnet seinen Hosenstall,

holt seinen Dicken raus und der Häftling geht sofort vor ihm auf die Knie und beginnt zu saugen. Er scheint ein guter Bläser zu sein, jedenfalls wird der Riemen in seinem Mund schnell steif und hart.

»Genug! Hose runter und aufs Bett! Los!« Bei Richards Tonfall könnte einem angst und bange werden. Der Sträfling weiß offensichtlich, was von ihm erwartet wird, schlüpft aus Schuhen und Hosen, kriecht auf das untere Stockbett, kniet sich breitbeinig so hin, dass sein Arsch am Fußende fickgünstig bereitsteht, sein Sack und der angegeilte Schwanz baumeln zwischen seinen Schenkeln, mit auf die Matratze gepressten Schultern und im Nacken verschränkten Händen wartet er auf den Anstich.

Er hat einen echt geilen Hintern, sein Loch steht schon erwartungsvoll offen, und nun tritt Richard hinter ihn, lässt seine Hosen runter und versenkt mit einem Stoß seinen Bolzen zwischen den zuckenden Arschbacken. Lautes Grunzen kommt von dem Gefickten, während Richard ihn durchzieht und wüst beleidigt. »Das Arschloch ist wirklich das einzig Nützliche an dem ganzen Kerl, sonst ist er für nichts zu gebrauchen. Drecksfotze! Gleich machen wir den vierten Strich auf deiner Fickliste!«

Richard hält sich oben am Stockbett fest, das ganze Gestell wackelt, während er wild rammelt und ich den Blick nicht von seinem breiten, kräftigen Arbeiterarsch wenden kann.

Andreas tuschelt mit Sepp, dann raunt er mir ins Ohr: »Du bist der Nächste! Auch mit Hose unten!« Mit sicherem Griff packt er mir vorne dran, erwischt auf Anhieb meinen Harten.

Richard hat abgespritzt, hat schnaubend das Loch befüllt, beim Rausziehen seines Rohres ein paarmal kräftig auf die Arschbacken der Stute geklatscht, und jetzt bin ich dran. Mein Schwanz steht wie eine Eins, als ich mich mit Hose in den Knien bereitstelle und den Arsch des Gefangenen zurechtrücke – Richard ist größer als ich, das Loch muss weiter runter, damit ich gut reinkomme.

Wie lang habe ich nicht mehr gefickt? Die letzten elf Monate auf jeden Fall nicht. Ich lasse mich gern von richtigen Männern besteigen, aber manchmal …

»Fick ihn!«, unterbricht Andreas meine Gedanken. »Der wartet darauf!«

Ich mache nicht so schnell wie Richard, langsam stecke ich meine Latte in die aufgefickte Männermöse, genieße, wie immer mehr in dieser heißen, feuchten Grotte verschwindet, bis sich meine Lenden an pralle, harte Hinterbacken pressen. Ich will aufpassen, will nicht sofort kommen, aber dieses Gefühl um meinen Schwanz hatte ich einfach schon zu lange nicht mehr, dazu das Stöhnen der Stute, ich halte es nicht aus, ein paar heftige Stöße nur schaffe ich, dann geht es nicht mehr, und stöhnend leere ich meinen Sack, spritze meine Sahne zu der von Richard.

Keine Glanznummer, ich weiß es, nächstes Mal bin ich sicher besser.

Nach mir haben noch Sepp und Andreas den Gefangenen gebumst. Beide haben ihre Hosen anbehalten, haben nur ihre harten Masten ausgepackt und es der Stute ordentlich gegeben. Der Richter hat brav den Arsch hingehalten und ließ sich willig pimpern, nur sein Atem wurde schnell und hektisch, er hat geradezu gebrüllt, als Andreas seine Hüften packte und ihn wirklich knallhart vögelte, bis es auch er nicht mehr aushielt und das Loch vor sich befüllte.

»Mach weiter mit deiner Strafarbeit!«, hat Sepp dem Gefangenen noch befohlen, dann haben wir ihn wieder eingesperrt und uns in der Küche noch mal Kaffee gemacht.

Freundlicherweise verzichten meine »Kollegen« darauf, sich wegen meines Schnellschusses über mich lustig zu machen.

FKK auf dem Balkon

Richard ist weg, Sepp blieb im Keller, Andreas und ich sind in den Großmarkt gefahren, einkaufen. Die Rechnung war dreistellig, und auch, wenn einiges dabei war, das ich mir nie gekauft hätte, muss ich mir was überlegen. 100 Euro im Monat für Lebensmittel ist zu wenig, nicht mal allein käme ich damit hin. Andreas hat nicht auf die Preise geschaut. Er hat in den Wagen gelegt, was er wollte oder brauchte. Und zwei Gläser Nutella. »Nutella für meine Nutte!« hat er mir zugeflüstert.

In seiner Küche haben wir ausgepackt, die Sachen verstaut, und er hat beiseitegestellt, was in den Keller kommen sollte.

Dann wollte er noch im Büro was tun und ich bin mit dem Zeug für unten runter zu Sepp.

Der »Richter« sitzt am Tisch und schreibt, sehe ich durch den Spion, und Sepp liest in der Küche Zeitung.

»Setz dich zu mir!«, sagt er. »Erzähl! Wie geht's dir, Daniel? Verliebt?«

»Ja. Wahnsinnig. Aber manchmal denke ich, ich wache gleich auf, dann sagt Oleg ›Muss sein!‹, und ich habe nur geträumt.« Ich heule schon wieder. »Entschuldige, Sepp. Aber seit mir Andreas gesagt hat, er wird mich rausholen, das war … ich meine, Oleg und du, ihr habt mir *geglaubt*, dass ich unschuldig bin, das war mir wahnsinnig wichtig, und ich werde das nie vergessen, aber er hat es *gewusst*, und will es beweisen … und dann hat er gestern gefragt, ob wir zusammen, und … ich habe trotzdem Angst vor dem neuen Prozess und dass dann alles wieder vorbei ist …«

Ich weiß nicht mehr weiter, mit verquollenen Augen sehe ich Sepp an.

»Versteh schon.« Er nimmt meine Hände in die seinen. »Du musst wieder in ein normales Leben finden. Das mit deinem Prozess, also ich meine, dass *du* unschuldig bist, müsste wirklich jedem klar sein. Ich weiß schon, auf hoher See und vor Gericht …, aber du musst nicht mehr in den Knast, Daniel. Du kannst sicher sein, dass Andreas für dich bis nach Karlsruhe oder sonst wohin ginge. Unabhängig davon, wie das mit euch beiden weitergeht.« Er nickt mir zu. »Ja, würde er. So gut kenne ich ihn.«

So langsam beruhige ich mich wieder und berichte Sepp von meiner ersten Woche in Freiheit und Andreas und mir.

»Weißt du«, sagt er, »ich kenne ihn schon einige Zeit. Er hat noch nie jemanden als seinen Freund vorgestellt. Du bedeutest ihm was, Daniel. Er sagt das nicht einfach so.«

»Ach Sepp, hoffentlich hast du recht. Ich wüsste nicht, was ich …«

Er nickt mir aufmunternd zu. »Wenn mal was ist, kannst du immer zu mir kommen. Und jetzt schauen wir, was unser Besuch macht. Komm!«

»Warte!«, halte ich ihn auf. »Was macht ihr mit ihm? Also, wenn er wichsen würde, zum Beispiel.«

»Ach, ich steht nicht so auf Bestrafungsspiele, ich würde nichts machen. Aber ich sage es den anderen. Wenn er wichst, dann *will* er ja bestraft werden. Er hat selbst geschrieben ›Im Ermessen des Personals‹. Also muss er damit rechnen, dass was passiert. Aber er weiß, wie er eine Aktion abbrechen könnte. Hat er meines Wissens noch nie gemacht. Komm! Ich hab Nachholbedarf, weil du nicht mehr da bist. Fabian und die Neuen lasse ich natürlich in Ruhe. Mit einem der nicht mag, macht's mir keinen Spaß. Willst du auch nochmal?«

»Ja. Diesmal wird's besser. Und, Sepp, lässt du die Hose runter, wenn du gleich fickst? Du hast so einen geilen Arsch ...«

Sepp hat sich bis auf T-Shirt und Socken ausgezogen, ehe er, in derselben Stellung wie heute morgen, den Häftling durchgeorgelt hat, dieser kniend auf dem Bett, Sepp stehend dahinter, und so, wie er seine Arsch- und Beinmuskeln hat spielen lassen ... ich konnte nicht anders, habe mich hinter ihn gekniet und versucht, seine Ritze zu lecken. Wegen seiner Fickstöße ging es nicht richtig gut, und ich bin nur manchmal kurz mit der Zungenspitze an sein Loch gekommen, trotzdem war es richtig geil, auch für ihn, und diesmal hat er nicht so lang durchgehalten und relativ bald seine Soße in das Häftlingsloch gepumpt.

Jetzt bin ich dran, das Arschloch vor mir klafft offen, ein dünnes Rinnsal Sperma läuft heraus, und ich stecke gleich mal drei Finger bis zum Anschlag hinein, während ich mit der anderen Hand bei mir auspacke. Als ich durch seine

Beine hindurch den Sack des Gefangenen knete und mit seinem harten Rohr spiele, stöhnt er auf. »Bitte nicht, Herr Wachtmeister. Ficken Sie mich, bitte, aber nicht wichsen. Ich darf doch nicht kommen, bitte!«

Er hat einen ganz ordentlichen Schwanz und ich würde ihn gern noch weiter bearbeiten, aber ich will ihm ja keine Schwierigkeiten machen – wer weiß, wie einer der Kollegen reagiert, wenn er mitkriegt, dass der Häftling verbotenerweise abgespritzt hat.

Also versenke ich meinen Kolben in seinem Hintereingang, mit Sepps Sacksaft als Schmiermittel flutscht es wie nichts, und diesmal passe ich wirklich auf. Ich mache langsam, ziehe meinen Riemen ganz heraus, es ist saugeil, wie meine Eichel und dann mein ganzes Rohr in diesem fremden Körper verschwinden und wieder zum Vorschein kommen, schmierig glänzend und zum Platzen gespannt. Der Arsch reckt sich mir willig entgegen und ich muss mich am Bettgestell festhalten, sonst würde er mich glatt wegdrücken.

Heute morgen, das war nichts, das jetzt ist ein richtig guter Arschfick, von dem auch die Stute, die immer lauter wird, was hat, und ich gehe auf in meiner Rolle als Aufseher und Hengst. Ich habe das Gefühl, ich könnte ewig so bumsen, als sich jemand von hinten gegen mich drängt.

»Mach schon!«, flüstert mir Andreas ins Ohr. »Ich will auch noch!«

Und dann öffnet er mir die Hose und lässt seine nassen Finger in meiner Kimme zu meinem Loch wandern. »Spritz ab! Los! Du kleine Nutte!« Zugleich steckt er mir einen Finger hinten rein und bei mir geht die Post ab.

Alles an mir verkrampft und meine Soße schießt raus, natürlich sehe ich es nicht, doch ich spüre es umso heftiger.

Andreas hat mich dann zur Seite geschoben und den Häftling selbst schnell noch durchgezogen.

»Deine zehn Ficks hast du jetzt, du Sau. Zufrieden?«

»Ja, Herr Wachtmeister. Danke, Herr Wachtmeister. Aber ich bin ja zu *mindestens* zehn Ficks verurteilt, Herr Wachtmeister.«

Darauf ist Andreas nicht eingegangen, wir haben die Zelle wieder abgeschlossen, und sind in die Küche gegangen, wo Sepp als Mittagessen für den Gefangenen und uns einige Würste warm gemacht hat, dazu gibt es Kartoffelsalat und Semmeln, Bier für uns, Apfelsaft für den Häftling, der sein Essen auf einem Tablett durch die Klappe in der Tür zugeschoben bekommt.

»Wie im richtigen Leben«, bemerke ich. »Die ersten Monate gab's im Bau auch immer Würste.«

»Aber sicher kein Bier«, ergänzt Sepp.

Nach dem Essen möchte ich gern rauf, ans Licht, und Andreas meint, wir könnten es uns alle auf seinem Balkon gemütlich machen.

»Ich dachte, es ist immer jemand unten, wenn einer eingesperrt ist? Oder zwei. Hast du doch mal gesagt, oder?«

»Ja«, antwortet Andreas. »Bei neuen Kunden sind wir auf jeden Fall zu zweit. Für den Fall, dass mal einer austickt. Hatten wir noch nicht, aber man weiß ja nie. Ihn heute kennen wir, der macht keinen Ärger. Und in der Zelle ist eine Sprechanlage, die schalte ich an, ehe wir rauf gehen.

Da läuft eine Leitung ins Treppenhaus, weil es wegen der Stahltüren sonst nicht funktionieren würde, und dann ist es so wie ein Babyphon. Wir hören oben, was unten passiert. Kommt!«

Ehe wir gehen, lässt sich Andreas aus der Zelle das Tablett zurückgeben und fragt den Häftling, ob er mit seiner Strafarbeit fertig sei.

»Noch nicht, Herr Wachtmeister.«

»Streng dich an! Der Kollege, der dir das aufgebrummt hat, kommt heute Abend wieder. Er wird es kontrollieren.«

»Jawohl, Herr Wachtmeister.«

Andreas hat neben der Zelle einen Schalter umgelegt, und beim Raufgehen hat er auf Russisch gesagt, ich soll Sepp anmachen. Weil ihn selbst das anmacht. Sepp hat dazu gebrummelt, wir sollten doch Deutsch reden.

Oben ist es deutlich wärmer als im Keller und wir schlüpfen an der Garderobe schon aus Stiefeln, Jacken und Hemden. Bei Sepp und Andreas spannt das Unterhemd über den starken Oberarmen und ihrer breiten Brust, wo sich deutlich ihre Nippel abzeichnen.

Sepp greift nach meinem Bizeps, meint, ich könnte noch was vertragen, doch Andreas wehrt ab. »Hör nicht auf ihn, Daniel. Mir gefällst du so!«

Andreas nimmt einen kleinen Lautsprecher mit raus und wir stellen auf dem Balkon drei Liegen auf. Draußen ist es noch wärmer, und da uns hier keiner sehen kann, hole ich uns allen Duschtücher, breite meines über eine Liege, ziehe mich ganz aus, lege mich nackt in die Sonne, kraule meinen Sack. »Wollt ihr nicht auch?«

Sie schließen sich an, bald liege ich zwischen zwei kerligen Nackten, Andreas blinzelt mir noch zu, wir nicken alle ein.

Ich werde wach, weil mich Andreas anstupst, mir gleich einen Finger auf die Lippen legt, und feixend zu Sepp deutet. Der liegt mit leicht geöffnetem Mund auf dem Rücken, Hände auf dem Bauch, und er schnarcht mit einer enormen Lautstärke, ein Wunder, dass ich davon nicht aufgewacht bin. Wir grinsen uns an, dann zeigt Andreas auf Sepps Gemächt und wir grinsen noch breiter. Er hat eine richtig feste, harte Erektion, er muss was Schönes träumen.

»Ich will sehen, wie er's dir besorgt«, raunt mir Andreas zu. »Und danach …«

»Wirst du mich nehmen und durchficken«, vollende ich den Satz. »Weil dir danach ist.«

Leise rücke ich meine Liege beiseite, knie mich so, dass Andreas was sehen kann, zu Sepp, und beginne vorsichtig mit der Zungenspitze seinen Schwanzkopf anzustupsen. Da er nicht reagiert, lecke ich seinen ganzen Schaft entlang, doch auch das unterbricht sein Schnarchen nicht, so dass ich den Riemen schließlich einfach ganz in den Mund nehme. Dabei schiele ich zu Andreas, der schon mit seinem eigenen Kolben spielt, und jetzt plötzlich schreckt Sepp auf, reißt die Arme hoch, ich schramme knapp an einem blauen Auge vorbei, an der Schläfe trifft er mich.

»Hhh … hhh … hahh … was … aaahh …« Er war gerade noch ganz woanders, weiß im Moment gar nicht, wo er ist und was los ist. Als es ihm klar wird, lässt er sich wieder zurückfallen. »Ihr seid verrückt!«, schimpft er. »Ich wollte hier Mittagsschlaf halten.«

»Dein Schwanz nicht. Der war schon hellwach, bevor ich drangegangen bin. Und du hast so laut geschnarcht, dass wir aufgewacht sind.«

»Kann gar nicht sein. Ich schnarche nicht. Aber wenn du mich schon aufweckst, kannst du auch weitermachen!« Er steckt mir seine Latte wieder zwischen die Kiemen, ich lutsche und sauge daran, ein Blick zu Andreas bestätigt, dass der das äußerst geil findet, sein Rohr ist nun auch hellwach.

Eine ganze Weile lässt Sepp mich blasen, dann dreht er sich auf die Seite, das Hinterteil zu mir. »Leck mich! Du hast gesagt, ich habe einen geilen Arsch!«

Hat er, wirklich. Ein richtig geiler Männerarsch. Ich knete seine Backen, arbeite mich mit der Zunge durch eine haarige Kimme vor bis zum Loch, er macht sich locker, ein bisschen komme ich mit der Spitze hinein, mein eigener Schwanz wird dabei schon immer härter.

Andreas höre ich nur noch. »Ein geiler Arsch ist für mich was anderes. Deiner ist zu breit, Sepp. Und zu haarig. Ich mag's lieber klein und knackig. Und vorgefickt. Besorg's ihm! Dann nehm ich ihn mir!«

Da uns die Liegen nicht stabil genug erscheinen, legt Sepp sich auf dem Rücken auf den Boden, ich soll auf ihm reiten. Andreas holt eine Tube Gel, schmiert mir das Loch, führt Sepps Kolben in meine Lustgrotte ein und kauert sich dann hinter uns, um zu verfolgen, wie ich aufgebohrt werde.

Sepp hat schon losgelegt, von unten hämmert er in meinen Arschkanal, ich stütze mich auf seiner haarigen Brust ab, höre von hinten »Wahnsinn! Diese Fotze ist Wahnsinn! Gib's ihm, Sepp! Ganz raus und rein! Ich halte ihn!«

Mit einer Hand drängt mich Andreas ein wenig nach oben, Sepp kann nun mehr Schwung für seine Stöße holen und sein Schwanz flutscht immer wieder aus mir raus, ehe seine fette Eichel mich wieder aufbohrt, und wenn ich nicht wüsste, dass mich gleich noch so ein Riemen erwartet, würde ich mich mit Sepp zusammen treiben lassen.

Der kommt jetzt, »Ja, ja, jaaahh …« presst er hervor, seine Augen werden glasig, er stößt nicht mehr zu, er spritzt ab, in meinem Arsch, direkt vor Andreas' Augen.

Der kann es kaum erwarten, selbst reinzukommen, und sobald das Rohr in mir nicht mehr pumpt, drückt er meinen Oberkörper runter, ich liege auf dem heftig schnaubenden Sepp, dessen Schwanz flutscht aus meinem Loch, das aber sogleich wieder gestopft wird. Andreas kniet hinter mir, fädelt ein und rammelt sofort los. Er muss mächtig geil sein, das ist jetzt reines »Nehmen und durchficken«, und es macht mich wahnsinnig an, dass mein Arsch ihn so erregt.

»Mach!« stöhne ich. »Spritz mich voll! Mir kommt's gleich …« und meine Pumpe legt los, lässt die Soße raus, zwischen Sepps und meinem Bauch wird es nass, und in meinem Arsch noch nässer, da kommt jetzt noch eine Ladung Sperma dazu.

Sepp hat uns bald runter geschmissen, wir wurden ihm zu schwer. Er hat seine Klamotten zusammengesucht und ist in den Keller duschen gegangen. Dann wollte er unten schlafen, da würde er wenigstens nicht gestört.

Als er weg war, meinte Andreas, wenn wir keine Turnübungen veranstalten, wird uns eine Liege schon beide aushalten, und da knutschen wir nun miteinander, und dass sein Schwanz und mein Bauch verschmiert und verkleistert sind, ist völlig egal.

Prügelstrafe

Du findest Sepp geil, was?« Es ist keine Frage, die Andreas da stellt, es ist eine Feststellung.

»Ja, schon. Und ich mag ihn auch, Sepp ist schwer in Ordnung. Er zwingt nie jemanden zu irgendwas. Oleg war anders. Der hat schon den Chef rausgekehrt und gesagt ›Muss sein!‹, wenn er was wollte und jeder wusste Bescheid. Und er ist nicht nur clever, Oleg ist klug.«

»Und die anderen? Die hier dabei sind, meine ich.«

»Die anderen? Also, Richard und der Direktor … sie machen mich beide an, aber ich kenne sie nicht wirklich. Max in Uniform ist wahnsinnig geil, aber auch mit ihm habe ich höchstens mal über irgendwelche Bücher, die ich ausgeliehen habe, geredet, sonst nicht viel. Aber da hat er durchaus Ahnung.«

»Und ich?«

»Du? Du bist … anständig wie Sepp. Klug wie Oleg. Im Anzug seriös wie der Direktor. Versaut wie Richard. Geil wie Max. Nein, noch geiler. Du bist der Wahnsinn, Andreas! Das Beste, das mir je begegnet ist. Aber manchmal fürchte ich, das mit uns …« Ich weiß nicht, wie ich das jetzt formulieren soll und suche nach Worten.

»Was fürchtest du?«

»Dass wir ... ich meine ... ich weiß, du hast alles, was du gestern Abend gesagt hast, wirklich so gemeint. Keine Frage. Aber du lebst ganz anders als ich und hast einen ganz anderen Hintergrund. Nicht, weil du studiert hast. Doof bin ich auch ohne Abitur nicht. Ich meine zum Beispiel ganz banal, wie du einkaufst. Alles in einem Laden, was du willst oder brauchst nimmst du, und was es kostet, kostet es eben. Ich schaue, wo es Sonderangebote gibt, und da kaufe ich mein Nutella. Du spielst vielleicht Tennis und Golf und gehst in die Oper. Ich spiele höchstens mal Minigolf und gehe ins Kino. Womöglich düst du ein Wochenende nach Paris oder London, wenn du Lust hast. Das fände ich nicht gut, wenn du es tust, aber aus ökologischen Gründen. Alles andere – warum solltest du nicht? Vergleich das doch mal mit meinen Möglichkeiten. Ich komme schon klar, wenn ich wieder eine Stelle habe, aber eben auf einem anderen Niveau. Ich habe Angst, dass du ... du weißt schon ...«

»Ach Daniel, ich spiele *nicht* Golf, gehe *nicht* in die Oper, war schon lang nicht mehr in London ... ist es wirklich ein Problem, wenn ich für dich Nutella kaufe?«

»Nein. Aber du weißt, was ich meine.«

»Sicher. Wir finden eine Lösung. Aber nicht jetzt, ist grad so schön!« Er drückt mich an sich, ich bette meinen Kopf auf seinem Arm, wir schlummern noch mal ein, bis uns ein Knacksen im Lautsprecher aufschreckt, und Andreas erklärt, dass Sepp unten das Mikrofon abgestellt hat.

»Wissen die Insassen, dass sie abgehört werden?«

»Nicht alle, aber der heute weiß es. Wir haben ihm mal gesagt, wenn was Wichtiges ist, darf er sich melden, wenn keiner im Keller ist. Hat er einmal gemacht, da wollte er Kaffee oder irgend so was. Wir sind dann runter und Richard hat ihm den Arsch versohlt, weil er uns wegen so was belästigt hat. Statt Kaffee hat er nur noch Wasser und Brot bekommen.«

»Ihr Schweine! Aber wieso zahlt er dafür, dass er so behandelt wird? Er sieht doch ganz passabel aus, er könnte problemlos jemand finden, der es ihm auch so besorgt.«

»Er hat wohl berufliche Gründe, warum er in der Szene auf keinen Fall von irgendwem gesehen werden will. Mit seinen Neigungen verständlich. Wir sind diskret.«

»Und ihr … ich meine, trefft ihr euch regelmäßig, hier oder sonst wo, oder wie läuft das?«

»Nein. Natürlich sehen sich Sepp, Max und Erich sowieso bei der Arbeit, ebenso wie Leo und ich hier, und mit ihm spiele ich auch mal Tennis. Wir haben eine Chat-Gruppe, und für den Keller unten einen Kalender, den hauptsächlich Max pflegt, aber wir haben alle Zugriff darauf. Es ist aber nicht so, dass der Keller dauernd belegt ist, wir sehen das ja alle eher als Hobby. Na ja, Max schon auch als Geldquelle. Der ist viel in der Szene unterwegs und bringt am ehesten neue Kunden an, die er anmacht mit Sprüchen, wie er und seine Kollegen im Bau mit den Insassen umgehen. Stimmt zwar nicht alles, aber so was reizt viele und sie wollen es bei uns probieren.«

»Und sonst? Ich meine, wenn ihr ein- oder zweimal die Woche jemand hier habt, was machst du sonst? Das reicht dir doch nicht …«

»Stimmt, zweimal die Woche reicht mir nicht.« Er drückt sich mal wieder um eine Antwort, zieht mich auf sich, greift sich meine beiden Halbkugeln. »*Das* ist ein geiler Arsch! Weiß nicht, was du an dem von Sepp findest…«

»Deiner ist genauso groß! Und mir gefällt das. Sei doch froh!«

Es dauert nicht lang, und ich lecke ihm ausgiebig das Loch und nuckle an seiner Zuckerstange, ehe wir uns ins Schlafzimmer verziehen, wo er mich das zweite Mal an diesem Nachmittag nimmt. Ruhig, sanft, zärtlich, und danach dösen wir engumschlungen ein.

Ich wache auf, weil mir eine Hand durchs Haar streicht. »Es ist mir eine ganze Palette Nutella wert, dass du hier bist«, sagt Andreas. »Was willst du jetzt machen? Sepp kommt wahrscheinlich nicht rauf, weil er uns nicht stören will. Irgendwann wird Richard auftauchen. Der übernimmt gern die Nachtschicht, er sagt, er ist abends und morgens am geilsten. Wir können runter, müssen aber nicht.«

Ich wollte lieber raus, und so laufen wir spazieren. Andreas überlegt, was im letzten Jahr alles passiert ist und bringt mich politisch, wirtschaftlich, gesellschaftlich auf einen aktuellen Stand, und diesmal muss er akzeptieren, dass ich das Eis bezahle. Auf meine Frage, ob wir für die im Keller später Essen vorbereiten müssen, winkt er ab. »Richard bringt was mit, die versorgen sich selbst. Wir machen nur für uns was.«

Nach einem guten Abendessen, chinesisch aus dem Wok, spielen wir eine Partie Schach, und hier bin ich Andreas überlegen, es dauert keine halbe Stunde und er ist Matt.

»Du bist gut!«, stellt er fest. »Ihr habt oft gespielt, oder? Oleg und du. War er sauer, wenn er verloren hat?«

»Nein, das nicht, und er hat sich sogar mal auf ein Remis eingelassen, als er klar auf Sieg stand, weil davon abhing, ob sich die anderen in der Zelle mit Blasen zufriedengeben würden, obwohl sie eigentlich meinen Arsch wollten. Der tat mir aber weh, weil an dem Tag schon ich weiß nicht wie viele drin waren. Oleg wusste das und hat mir die Ficks erspart.«

Andreas hat anerkennend genickt und nun lümmeln wir auf dem Sofa, als es im Lautsprecher des Babyphons wieder knackst. »Sie haben eingeschaltet«, stellt er fest, »wollen uns zuhören lassen, wenn wir mögen. Wir können auch ausmachen. Oder runtergehen. Wie du willst.«

»Lass uns zuhören.« Ich vermute, Richard und Sepp werden den Häftling ordentlich knallen, und vielleicht werden auch wir noch mal Lust bekommen.

Metallisches Klirren, die Zellentür wird wohl aufgeschlossen, Schritte sind zu hören, dann Richards Stimme. Der Ton ist nicht besonders, aber man versteht ihn. »Ich hab deine Strafarbeit kontrolliert«, sagt er mit drohendem Unterton. »Du hast zweihundertfüfnzig Mal geschrieben, dass du eine schwule Sau bist und mir zu gehorchen hast.«

»Jawohl, Herr Wachtmeister.«

»Ich hatte gesagt, dreihundert Mal.« Nicht laut, aber schneidend, eiskalt.

»Sie irren, Herr Wa …« Ziemlich verrauscht.

»Ich irre mich nicht!« Jetzt schreit Richard. »Zieh dich sofort aus! Alles! Und halt deine dumme Fresse!«

»Ich hab vermutet, dass es darauf hinausläuft«, sagt

Andreas. »Als er sagte, er sei noch nicht fertig. Er will Richard einen Grund geben, ihn zu bestrafen.«

»Klar. Aber man muss schon aufpassen, um alles mitzukriegen.«

»Die Geräte sind dafür gemacht, dass man Babys schreien hört. Das funktioniert, wirst du gleich merken.«

Ich merke es, ja. Heftiges Klatschen, gefolgt von einem lauten »Auu…«, dringen aus dem Lautsprecher. Rhythmisch, immer wieder, Richard muss mit etwas Breitem, vielleicht einem Gürtel, zuschlagen, und allmählich steigert er Tempo und Intensität, die Hiebe folgen schneller aufeinander, es klatscht lauter, keine einzelnen Schreie mehr, ununterbrochenes Geheule, und als ich mir schon die Ohren zuhalten will, höre ich Richard sagen »Fünfzig! Du bleibst so liegen, wir sind noch nicht fertig, verstanden?« Schritte, Klirren, Schluchzen.

»Mach's aus!« bitte ich Andreas. »Das ist zuviel! Ich dachte, die ficken ihn. Aber …«

»Denk dran, er könnte es jederzeit beenden«, erklärt Andreas. »Und wie gesagt, er hat es provoziert.«

»Das ist mir schon klar. Aber gleich so heftig! Was kommt denn noch, wenn Richard sagt, sie seien noch nicht fertig?«

»Vermutlich holt er sich einen Rohrstock oder eine Gerte, das zieht noch viel mehr. Und dann wird er den aufgeheizten Arsch ficken.«

»Machst du das auch? Also, *so* zuschlagen, meine ich.«

»Hab's schon gemacht. Wenn's einer so braucht… und ich bin zwar kein Sadist, aber schon dominant, obwohl …« Er beendet den Satz nicht.

»Ich bin auch kein Maso …«

»Da wär ich mir nicht so sicher. Devot bist du beim Sex auf jeden Fall. Du brauchst einen Meister. Ich werde deine Grenzen respektieren, aber ich bin sicher, die haben wir noch lang nicht erreicht. Hören wir doch mal, wie weit die sind.«

Er aktiviert den Lautsprecher, und sofort sind da wieder Klatschen und Geschrei, aber ganz anders als vorher. Jetzt hört es sich nach Haut auf Haut an, begleitet von Richards Gestöhne, er fickt, eindeutig, und der Häftling bettelt geradezu nach mehr. »Ja! Ja! Jaaah …! Herr Wachtmeister! Jaah … Fester, bitte, Herr Wachtmeister … jaa …« und auch Richard wird lauter, abgehacktes »Ah! Ah! Ah!«, er muss volle Kanne mit seinem Rammbock zustoßen, und nun kommt er, er brüllt seinen Orgasmus hinaus, noch lauter als der Gefangene.

Andreas schaltet das Babyphon wieder aus. »Ein Grund, warum er zu uns kommt, ist auch, dass er hier nach Herzenslust schreien kann. Glaubst du nun, dass der das so wollte?«

»Glauben ja, verstehen nein.«

Er zuckt die Schultern. »Es gibt eben Leute, die sind so drauf.«

Wir sind dann bald ins Bett gegangen, haben nur noch ein wenig geschmust, schließlich haben wir heute beide zweimal den Richter gepimpert und hatten außerdem dreimal miteinander Sex, und irgendwann ist es einfach genug.

Einen Meter weit spritzen

Als ich gegen halb neun aufwache, sind das Bett neben mir und die Wohnung leer und in der Küche finde ich einen Zettel: »Wir frühstücken unten!« Ich mache mich also schnell frisch und werde dann unten mit »Schlafmütze« begrüßt. Die drei sind schon fast fertig, haben mir aber was übriggelassen. Andreas drückt mir einen Kuss auf die Wange, als ich mich neben ihn setze, was Richard veranlasst, Sepps Gesang von gestern zu imitieren. »Da dudu didi heißt ich liebe dich …« Leider kann er weder den Text noch singen und es hört sich furchtbar an. »Wer war das? Alexa? Als ich gestern Abend kam, hat Sepp sich auch solche Schnulzen reingezogen.«

»Sie heißt Alexandra!«, geht Sepp gleich dazwischen, »hat eine tolle Stimme, und das sind keine Schnulzen. Sie hat damals schon, Ende der Sechziger, von Umweltzerstörung und Kindesmissbrauch gesungen. Du musst nur mal zuhören!«

Er redet sich fast in Rage und Andreas versucht, die Gemüter zu beruhigen. »Singen konnte sie. Und ob's einem gefällt, ist Geschmackssache. Ich hab da was im Ohr. Wie ging das noch mal? ›Zigeunerjunge, Zigeunerjunge‹ …«

Leider kann auch er nicht singen.

»Ja«, nickt Sepp. »Ihr größter Erfolg. Aber wenn heute in irgendwelchen Fernseh-Rückblicken auf die Zeit Aufzeichnungen von ihr kommen, ist dieses Lied nie dabei. Weil man das Wort ja nicht mal mehr denken darf. Lassen wir das, da reg ich mich nur auf.«

Er schenkt sich Kaffee nach und wechselt das Thema. »Andreas, Daniel, wollt ihr nochmal?« Er deutet zur Zelle.

»Wie lang ist der Häftling noch da?«, will ich wissen.

»Bis gegen elf«, antwortet Richard. »Und ehe er raus darf, muss er hier noch spülen und alles putzen. Wenn du ihn noch haben willst, solltest du bald machen. Und dich dazu umziehen.«

Ich schüttle den Kopf. Ich will jetzt nicht bumsen. Ich will auch nicht wissen, ob Andreas schon … obwohl, im Gegensatz zu Sepp und Richard trägt er keine Uniform, also hat er vielleicht nicht … ich werde nicht fragen.

»Ich auch nicht«, sagt Andreas. »Seine zehnmal hat er ja schon …«

»Vierzehn!«, fällt Richard ein. »Er kann sich nicht beklagen. Und heute hab ich ihm sogar erlaubt zu wichsen, während ich ihn gefickt habe. Mindestens einen Meter weit hat er gespritzt, so geil war er.«

Das zu sehen, hätte mich zwar gereizt und Richard Gerede lässt meine Rübe anschwellen, trotzdem verabschiede ich mich bald nach oben und Andreas folgt mir kurz danach.

»Wir achten darauf, dass die Gäste uns nur in Uniform sehen«, erklärt er, »und ich wollte mich nicht umziehen, bloß um ihm beim Putzen zusehen zu können.«

»Ich hab mich schon gefragt, wer unten putzt … wie ist es mit der Wäsche?«

»Machen Sepp oder ich, kann man ja nicht Dunja geben. Und jetzt ist Sonntag! Wir machen nachher einen Ausflug. Aber vorher …«

Er drängt mich ins Schlafzimmer, fummelt an mir rum, und als ich ihm die Hose runterziehe, springt mir eine Mordslatte entgegen. Wir können es beide kaum erwarten, viel mehr als ein Quickie wird es nicht, und danach drängt Andreas bald zum Aufbruch. »Wir können nicht den ganzen Sonntag im Bett bleiben!«

»Könnten wir schon …«

Darauf hat er sich nicht eingelassen. Zum Glück, muss ich sagen, als wir abends zurückkommen. Wir sind aus der Stadt rausgefahren, um einen See gelaufen, in einen Biergarten eingekehrt, haben eine Runde Minigolf gespielt, uns in die Sonne gelegt, einen Eisbecher gegessen, von uns selbst erzählt … ein perfekter Tag!

Beim Abendessen überschlage ich im Kopf, was Andreas heute ausgegeben hat, will ihm die Hälfte geben, doch er weigert sich, etwas anzunehmen.

»Kommt nicht in Frage! Du warst eingeladen. Ende der Diskussion.«

»Andreas …«

»Daniel! Muss ich böse werden?« Drohend hebt er den Finger, und ich gebe für heute auf, aber ich muss mir was überlegen. So geht es nicht.

Er erzählt von Leo, der morgen aus dem Urlaub zurück sein wird. »Er wird Augen machen. Er hat nicht geglaubt, dass ich dich freibekomme und mir eine Einladung zum Essen versprochen, wenn ich Erfolg habe.«

»Hält er mich für schuldig?«

»Nein, wo denkst du hin! Er hat nicht gedacht, dass die Justiz einen Fehler einräumen wird. Das ist der Grund.«

Dann wollte Andreas in den Keller, und als er mir von den zwei Fünfzigern, die dort auf dem Küchentisch liegen, einen geben will, weigere ich mich, das zu nehmen. »Kommt nicht in Frage! Tu's in die Haushaltskasse. Ende der Diskussion.«

Er merkt, es ist mir ernst, insistiert nicht, schickt mich stattdessen in die Zelle. Ich solle mich ausziehen. Nackt.

Andreas trägt, als er hereinkommt, Stiefel, Schirmmütze, Handschuhe, Nietenbänder an den Oberarmen, alles schwarzes Leder. Und er hat einige Dinge in der Hand, die er auf ein Bett wirft. Er legt mir ein breites Halsband um, befestigt eine Hundeleine daran, steckt mir drei Lederfinger in den Mund, grabscht mit der anderen Hand nach meinem Geschlecht und knetet derb meine Klunker. »Ich will, dass du auch mindestens einen Meter weit spritzt, klar?«, faucht er. »Runter!«

Ich denke, ich soll ihn blasen und gehe in die Knie, doch er drückt mich zu Boden, steigt mit einem Stiefel auf meinen Rücken und ich lecke den anderen vor meiner Nase. Etwas Dünnes streicht über mich, die Wirbelsäule entlang zu meinem Hintern. Auf Kommando mache ich die Beine breit und das Ding, vermutlich eine Reitgerte, wandert in meiner Kimme auf und ab. Dann fasse ich, weil er es verlangt, nach hinten, spreize meine Arschbacken, und als die Spitze des Instruments an ihrem Ziel ist, beginnt er zuzuschlagen. Sehr präzise, er trifft immer genau mein empfindliches Loch und ich bin hin- und hergerissen, schwanke zwischen Schmerz und ungeheurer Erregung.

Die Gerte verschwindet, er stellt sich hinter mich, drückt meine Schenkel weit auseinander, fasst mir zwischen die Beine, zerrt meinen Steifen und meinen Sack unter meinem Bauch hervor, und alles offen liegt, steigt er darauf. Auf meine Nille, meine Eier, mein Arschloch. Gerade so fest, dass es auszuhalten ist und zugleich wahnsinnig macht. Ich lasse mich jetzt gehen und stöhne und schreie meine Geilheit raus. Andreas merkt, wie heiß ich schon bin, nimmt seinen Stiefel runter, befiehlt, mich umzudrehen, und setzt sich dann auf mich, lässt sich den Arsch lecken. Auch das ist saugeil, und doch kann ich dabei wieder etwas runterkommen, da er meinen schon tropfenden Schwanz nicht anfasst und ich mich ganz auf sein Loch konzentriere. Mit der Zungenspitze ertaste ich es in allen Einzelheiten und kann ein wenig in ihn eindringen, was ihm nun geiles Gejaule entlockt.

Er zieht meine Beine zu sich, spuckt auf meinen von der vorherigen Behandlung noch brennenden Hintereingang und bohrt einen Finger hinein. Durch den Handschuh, den er noch trägt, ist das schon fast wie ein kleinerer Schwanz, und nun steckt er einen zweiten Finger rein, und das ist jetzt schon wie eine Riesenlatte.

»Geiles Loch!«, murmelt er, »geiles Loch!«, dann steht er auf, zerrt mich an der Hundeleine ein Stück hoch, in die Knie, lässt mich an seinem Kolben, der kurz vor der Explosion zu stehen scheint, nuckeln. Ich lecke, sauge, blase sein

Rohr und seine Eier, und dann zieht er mich ganz hoch, dreht mich, er steht hinter mir, mitten in der Zelle, seine Kanone drückt gegen meine Spalte. Ich erwarte, dass er sie mir gleich reinbohrt, doch nein, ich spüre seine Eichel zwar direkt an meinem Hintereingang, doch er dringt nicht ein, er umfasst mit der Linken meinen Brustkorb, presst mich an sich, die Rechte nimmt meinen Harten, beginnt zu wichsen, durch den Lederhandschuh ein ganz ungewohntes Gefühl.

»Du wirst jetzt abspritzen!« befiehlt er, hechelnd und keuchend, »und zwar bis an die Wand! Ich will sehen, wie geil du bist! Und erst wenn du kommst, füll ich dich ab!«

Er rubbelt wie blöd an meinem Rohr, kneift mich in einen Nippel, gibt ein klein wenig Druck an meinem Arsch, mein Loch öffnet sich, möchte gestopft werden, doch noch hält er sich zurück, bequatscht mich mit geilem Zeug. »Spritz ab! Los! Bis an die Wand! Du kannst es doch gar nicht erwarten, bis du den Arsch vollkriegst! Du kleine Nutte!« Er gibt noch ein bisschen mehr Druck an meiner Möse, und dann ist es soweit: Der Geilschleim schießt aus mir heraus, wirklich bis an die Wand, und in meinen Orgasmus und mein Schreien hinein bockt er mich, beim ersten Stoß hebt es mich vom Boden ab, mit voller Wucht hat er mich geknallt, sein Rohr beginnt zu pumpen, ächzend fast füllt er mich ab, und bei jedem seiner Fickstöße treibt es mir noch was heraus, es hört überhaupt nicht auf.

Als auch er nicht mehr kann, lässt er den Kopf auf meine Schulter sinken, umklammert mich jetzt mit beiden Händen, und so tapsen wir verstöpselt zum Bett und lassen uns fallen, bleiben liegen, verschnaufen.

Wir lassen all das Spielzeug stehen und liegen, schleppen uns hoch in den ersten Stock, und im Bett lassen wir den Tag noch mal Revue passieren.

»Das war der schönste Tag seit langem«, flüstert Andreas mir ins Ohr. »Ja lublú tebjá!«

»Der zweitschönste. Am schönsten war, als ich erfahren habe, dass ich freikomme.«

»Hat's dir gefallen? Auch was ich unten mit dir gemacht habe?«

»Jaah ... ich war nah dran, › Ya ne khochu!‹ zu schreien, als du mir aufs Loch geschlagen hast und auf meinen Eiern gestanden bist, aber die Geilheit war größer als der Schmerz.«

»Das wollte ich. Ich habe noch einige Ideen, was ich mit dir anstellen kann.«

»Du Schwein! Ja lublú tebjá!«

Vorne und hinten ein Anwalt

»Heute muss ich mich wieder bei der Polizei melden«, erkläre ich beim Frühstück. »Und dann werde ich mich ernsthaft auf Stellensuche machen. Bist du mittags und abends hier?«

»Abends ja, aber ich weiß nicht, wann.«

»Egal, ich mache was Kaltes.«

»Nimm dir das Geld aus der Kasse, wenn du was kaufst! Keine Diskussion! Verstanden?«

Ich springe auf und salutiere. »Zu Befehl, Chef!«

Vor Lachen verschluckt er sich an einem Stück Brot, und ich klopfe ihm fest auf den Rücken, bis er mich verscheucht. »Willst du mich erschlagen?«

»Es kommt jemand«, stelle ich bei einem Blick aus dem Fenster fest. »Ein froschgrüner Golf.«

»Leo. Er hängt an dieser Karre, die hat er, seit ich ihn kenne. Ich stelle euch noch vor, dann kannst du los.«

»Weiß Ingeborg, dass er auch …«

»Ja, weiß sie. Ob sie denkt, wir haben was miteinander, weiß ich nicht. Das fragt sie natürlich nicht.«

»Und, habt ihr?«

»Wenn, dann teilen wir uns kleine Nutten wie dich!«

»Na Alter«, höre ich eine Stimme, als wir unten in die Kanzlei kommen. »Was war los?«

Gleich darauf kommt Leo aus seinem Büro. Er ist etwa so groß wie Andreas, aber schmaler, sehniger, ein dunklerer Typ, kurzer Vollbart, braun gebrannt, er trägt einen eng geschnittenen nilgrünen Anzug und er stutzt, als er mich sieht. »Entschuldigung. Ich wusste nicht …« Fragend schaut er zu Andreas.

Der stellt uns vor und bei meinem Namen stutzt Leo wieder. »Daniel Schuler? Sie sind *der* Daniel Schuler? Er hat Sie tatsächlich rausgekriegt? Alter, ich fass es nicht!« Er dreht sich zu Andreas. »Die deutsche Justiz korrigiert einen Fehler? Nicht zu glauben!«

»Na ja, korrigiert haben sie sich noch nicht«, muss ich etwas bremsen. »Aber Andreas ist zuversichtlich.«

»Ja, bin ich. Und wir gehen durch alle Instanzen.« Andreas legt mir einen Arm um die Schulter. »Daniel ist nicht nur mein Klient. Er wohnt jetzt hier, du wirst ihn also noch öfter sehen. Und du weißt, was du mir schuldest. Wenn du anständig bist, lädst du ihn mit ein.«

Leo ist verblüfft. »Ja, sicher, aber wenn ihr beide … dann …« Er streckt mir die Hand hin. »Gratulation! Ich freue mich sehr für Sie … dich. Natürlich lade ich euch beide ein. Gerne!«

Wir machen noch ein wenig Small Talk, und als ich mich verabschiede, fragt Andreas: »Ty khochesh' byt' s nim miloy?«

»Da!« Ja, ich hätte durchaus Lust, zu Leo nett zu sein.

»Er kann Russisch?«, höre ich noch, ehe ich die Tür schließe.

Ich absolviere mein Tagesprogramm. Meldung bei der Polizei. Fünf Bewerbungen auf verschiedene Sachbearbeiter-Stellen, bei denen ich im Anschreiben erkläre, weshalb ich das letzte Jahr nicht gearbeitet habe. Ich lege eigene Profile an in einigen Karriere-Netzwerken.

Und ich kaufe ein paar Kleinigkeiten, um es bei mir oben wohnlicher zu machen. Eine Tischdecke und ein paar Küchenutensilien, einen Läufer und eine Lampe für den Flur, wo jetzt nur eine nackte Birne hängt. Einen Badteppich. Wenn ich hier oben bin, will ich nicht in kahlen Räumen sitzen.

Andreas' Auto ist weg, als ich zurückkomme, und ich richte mich auf seinem Balkon ein, lese die Tageszeitung, einige rumliegende Magazine, stoße dabei auf ein Heft der Post, in dem unter anderem italienische 5-Euro-Münzen mit einem Nutella-Glas als Motiv angeboten werden. Und zwar gleich in drei Varianten, mit grünem, weißem oder rotem Deckel wegen der Nationalfarben. Ich glaub's ja nicht. Muss ich Andreas zeigen.

»Na Alter«, begrüße ich ihn, als er später zurückkommt. »Was war los?«

Er lässt seine Aktentasche fallen. »Kurt hat recht. Ich muss mich mehr um deine Erziehung kümmern. Du bist schon wieder so frech!« Doch er nimmt mich in den Arm, küsst mich, flüstert »Schön, dass du da bist!«

»Ich hab heute mit Erich telefoniert«, erzählt er beim Essen. »Am Donnerstag fahren wir in deinen Knast. Du wirst auch Fabian sehen können, Oleg oder Sepp sagen ihm Bescheid. Und wie findest du Leo?«, fährt er übergangslos fort.

»Danke, wegen Fabian. Leo ist sympathisch. Und attraktiv.«

»Er wollte natürlich wissen, wie das mit uns so ist, und er hat uns gleich für morgen Abend eingeladen.«

Später zeige ich Andreas die Nutella-Münzen, dazu schüttelt er den Kopf. »Mein Vater hat ein Briefmarken-Abo, deshalb kommt dieses Heft. Ich schaue kaum rein und hebe es nur für ihn auf.«

Wir bringen dann noch die Lampe in meinem Flur an und räumen im Keller auf, ich wollte tagsüber, solange Ingeborg und Leo im Haus waren, nicht runter gehen.

Das Vorstellungsgespräch am nächsten Tag ist eine Enttäuschung. Die suchen jemand, um am Telefon irgendwelchen Leuten irgendwas aufzuschwatzen, etwas, das ich wirklich nur im äußersten Notfall tun würde. Zumindest bestätigen sie, dass ich den Termin wahrgenommen habe, damit wird das Arbeitsamt zufrieden sein.

Andreas ist wieder unterwegs, ich lasse noch ein paar Bewerbungen los, nur gut, dass man das nicht mehr in Papierform mit Bewerbungsmappen machen muss.

Zwischendurch kommt Leo kurz hoch. Er will uns gegen halb sieben abholen und später heimfahren, »damit ihr beide was trinken könnt«, meint er.

Er hat einen Tisch reserviert auf der Terrasse eines edlen Lokals, da stoßen wir auf meine Freilassung an, reden aber wegen der Tischnachbarn nicht über das Gefängnis. Leo erzählt von seinem Urlaub, Andreas von der Kanzlei, ich von meiner Arbeitssuche, und nach dem Dessert schlägt

Andreas vor, Espresso und Digestif auf seinem Balkon zu nehmen, da wäre es gemütlicher und billiger.

Das Essen war ausgezeichnet, aber die Atmosphäre doch etwas steif, und von dem, was dieser Abend Leo kostet, könnte ich mich sicher einen ganzen Monat ernähren.

Wegen eines Gewitters sitzen wir im Wohnzimmer, Andreas und ich auf einem Sofa, Leo in einem Sessel, er trinkt jetzt mit, er hat sich überreden lassen, im Gästezimmer zu übernachten. Als er mal aufs Klo geht, sagt Andreas, ich soll nett zu ihm sein. »Danach will ich dich …«

»… nehmen und durchficken«, beende ich den Satz. »Ich weiß.«

Andreas lenkt unser Gespräch auf das Gefängnis, und als Leo nach meiner Zeit dort fragt, berichte ich nicht nur von der Wäscherei und der Kantinenkost, sondern ganz offen auch von Männersex hinter Gittern.

Leo hakt nach. Was denn so die größten Sauereien gewesen wären … Ich glaube, der Abend entwickelt sich in die gewünschte Richtung.

»Die größten … zwei Sachen vielleicht: Bald nach meinem Einzug haben mich eines Morgens in der Dusche acht Kerle erwartet, weil ich blöderweise zu laut gesagt hatte, dass mir gefickt werden gefällt. Da haben sie dann …«

»Acht? Acht?« Jetzt starren mich Leo und Andreas entgeistert an.

»Es war nicht so schlimm. Sie stellten sich im Kreis um mich auf, ich habe sie alle gelutscht und gewichst, und dabei sind die ersten schon gekommen … in den Arsch gefickt haben mich dann nur drei.«

»Reicht ja auch …«

»Na ja, weniger als drei am Tag waren's selten. Eher mehr.«

Leo nestelt an seinem Hemdkragen, ihm wird warm. »Was war denn noch?«

»Hmm … da waren zwei andere und ich das Geburtstagsgeschenk für einen von Olegs Kumpeln und dessen Gäste. Sechs insgesamt. Wir hatten ja zu dritt sechs Löcher. Alle Gäste waren reihum überall drin.«

»Merkt man aber gar nicht«, wirft Andreas ein. »Er ist schön eng! Zeig Leo mal dein Loch!«, fordert er mich auf, und während ich mich untenrum freimache, packt er bei sich selbst aus, ich nuckle, auf dem Bauch liegend, an seinem Rohr, und mein Hintern hängt frei zugänglich über der Armlehne des Sofas.

Leo ist aufgestanden, die Latte in seiner Hose ist nicht zu übersehen, und Andreas sagt, er könne mich ruhig haben. »Er ist mehr gewohnt, hast du doch gehört. Ich hol dir was, warte.«

Er verschwindet kurz, und als er mit einer Tube Gel zurückkommt, steht Leo schon nackt hinter mir, knetet meine Arschbacken, begutachtet mein Loch.

»Fick ihn!«, höre ich Andreas, der mir mit seinem Prachtschwanz das Maul stopft. Er packt meinen Kopf und stößt zu, weit hinein in meinen Rachen. Zugleich tropft etwas in meine Ritze, ein Finger spielt mit meiner Rosette, ich kneife zu, trotzdem bohrt er sich in mich, doch er hat Mühe, rein zu kommen.

»Echt eng«, stellt Leo fest. »Nicht zu glauben.«

Und dann will er den Finger durch seinen Kolben

ersetzen, doch ich mache so zu, dass er nicht reinkommt, da kann drücken, so viel er will.

»Er stellt sich an wie bei seiner Entjungferung. Will mich nicht reinlassen!«, beschwert er sich.

Andreas deutet richtig, was ich damit erreichen will. »Verhau ihm den Arsch! Bis er aufmacht. Der ist so eine Sau ... aaah! Scheiße, mir kommt's!«, schreit er auf, und im selben Moment füllt sich mein Rachen schon mit einer Ladung heißem Sperma. Andreas lehnt sich erschöpft zurück, doch ich gebe seinen Schwanz nicht frei, behalte ihn im Mund, schlucke nur seine Soße, ich werde ihn wieder hochblasen, schließlich will ich ihn auch noch hinten drin haben.

Dort müht sich immer noch Leo vergeblich mich anzustechen, und folgt jetzt Andreas' Rat und schlägt zu. Mein Arsch wird schön warm, wird heiß, ich werde noch geiler, mit einem Schwanz im Maul, und einem rattigen Spanker hinten.

Auch Leos nächsten Fickversuch wehre ich ab, lass ihn nicht rein, er kann ruhig mit mehr Schmackes zuhauen, mir ist gerade danach. Im Augenwinkel sehe ich, wie Andreas mit dem Fuß Leo einen seiner Schlappen zuschiebt. »Hier!« sagt er. »Nimm das!«

Leo klopft mit der Schuhsohle zunächst nur leicht auf meine Hinterbacken und nun kriege ich doch etwas Bammel ... zurecht, denn er schlägt heftig zu, noch mal, und noch mal, ich möchte schreien und kann nicht, weil Andreas mein Gesicht in seinen Schritt presst und ich kaum Luft kriege.

Noch zweimal patscht es, und nun leiste ich keinen

Widerstand mehr, als Leo mich aufbohrt. Willig lasse ich ihn rein, seine Lenden klatschen gegen meine heißen Arschbacken, immer wieder rammt er mich, zieht seinen Speer ganz raus und sticht zu. Ich habe seinen Steifen noch nicht gesehen, doch lang ist er auf jeden Fall, ziemlich lang, weit stößt er vor in meinen Arschkanal, ich mache meine Möse locker und lasse mich geil durchziehen.

»Stopf ihn!«, spornt Andreas Leo an, »er braucht's!«, und auch das Rohr in meinem Maul wird wieder hart und ich werde in beide Löcher gefickt.

Andreas schlägt vor zu tauschen, doch Leo wehrt ab. »Ich spritz ihm ins Arschlo … aaah! Mir kommt's … ja … alles rein …« Heftig wummst er mich, noch fester, noch tiefer, und bei jedem Stoß pumpt er mir seine Sahne rein. Kaum ist er fertig, drängt Andreas ihn beiseite und schon ist mein Loch wieder gefüllt … nein, meine beiden Löcher sind wieder gefüllt, denn Leo setzt sich, lässt sich das Rohr reinigen, und dass ich diesen verschmierten Kolben blitzblank putze, macht Andreas so an, dass ich ganz schnell eine zweite Portion eingespritzt kriege, und jetzt will ich endlich auch! Andreas geht kurz aus mir raus, ich drehe mich auf den Rücken, er steckt seinen Pint wieder rein, und nun kann ich richtig wichsen, wichsen, wichsen, Andreas spielt mit meinen Klunkern, es kommt, meine Brust, meinen Bauch versaue ich, sogar mein Kinn kriegt einen Spritzer ab.

»Dein Arsch ist noch ganz schön rot«, stellt Andreas später im Schlafzimmer fest, und im Spiegel sehe ich es selbst.

»Mhm. Leo hat zugelangt … ich spür's auch noch.«

»Du wolltest es so. Also beklag dich nicht.«

»Den Pantoffel wollte ich nicht. Aber ich konnte nicht schreien, weil du mir deinen Schwanz ins Maul gestopft hast!«

»Das war Absicht. Aber ich habe Leo mit den Fingern angezeigt, wieviel er dir überbraten soll. Und du wolltest es schon. Du weißt noch gar nicht, was du alles willst, du kleine Nutte!«

Reihenfick im Verhörraum

Leo hat nur schnell einen Kaffee getrunken und ist dann heimgefahren, um sich umzuziehen, und so frühstücken Andreas und ich alleine.

»Heute Abend machen's uns nur wir zwei wieder gemütlich. Freu mich drauf!«, sagt er.

»Das letzte Mal, als du von einem gemütlichen Abend geredet hast, hast du mir den Hintern verhauen! Muss ich heute nicht wieder haben!«

»Liegt ganz bei dir …«

Auf meine Bewerbungen von Anfang der Woche sind schon die ersten Absage-Mails gekommen, die haben mich ganz eindeutig wegen der letzten Station meines Lebenslaufs aussortiert. Damit musste ich wohl rechnen.

Außerdem regnet es, ich habe nichts zu tun, Andreas will ich nicht stören, zumal fremde Autos vor dem Haus stehen, es sind wohl Klienten hier. Ich gehe trotz des Wetters spazieren, dann einkaufen, aber bewusst nur in den Lebensmittelladen, woanders würde ich mich womöglich zu irgendwelchen Frustkäufen hinreißen lassen, und dafür habe ich kein Geld.

Vor lauter Langeweile surfe ich planlos im Netz, stoße auf einen gar nicht sehr weit entfernten Schachclub, der auch Nicht-Mitglieder einlädt, einfach mal mitzuspielen. Das werde ich nächste Woche machen.

Ich arbeite mich durch die Tageszeitung und habe bei etlichen Artikeln das Gefühl, genau dasselbe vor einem Jahr oder noch früher schon mal gelesen zu haben. Parteiengezänk, Naher Osten, Regenwälder, Klima, Lokführerstreiks … es hat sich nichts geändert in dem Jahr, das ich hinter Gittern verbracht habe.

Mein Telefon zeigt den Eingang einer Nachricht. »Kaffee? Ingeborg.«

Vor dem Haus steht nur noch ihr kleiner Hüpfer, zeigt ein Blick aus dem Fenster, und ich antworte: »Schon unterwegs«.

Es gibt sogar Kuchen zum Kaffee. Ingeborg will wissen, wie's mir geht und wie ich zurechtkomme, nickt zu meinem frustrierten Bericht von den Absagen, fragt nach meinen Erfahrungen und Kenntnissen.

»Das übliche kaufmännische Zeug. Buchhaltung, Ein- und Verkauf, Verwaltungskram. Die Office-Sachen. Was eben alle machen.«

»Irgendwas Besonderes? Was nicht jeder kann?«

»Ich kann ganz ordentlich Russisch. Ich habe aber noch keine Stelle gesehen, bei der das gefordert war. Ich habe das auch in meinen Profilen hinterlegt, es meldet sich nur keiner.«

Sie versucht, mir Mut zu machen und wechselt dann das Thema. »Andreas hat mit mir gesprochen wegen der Finanzen. Ich verstehe euch beide. Er ist nicht der Typ, der das Geld zum Fenster hinauswirft, aber er muss nicht sparen und es wäre für ihn kein Problem, den Haushalt für zwei zu finanzieren. Er würde Ihnen das auch nie vorhalten, so ist er nicht. Trotzdem geht es nicht, das ist ihm selbst klar.«

Sie schlägt vor, ich soll so viel in die Haushaltskasse zahlen, wie ich normalerweise, bei meinem Lebensstil, im Monat brauche. Wenn Andreas dann in teuren Läden einkauft oder besonderes Zeug, sei das seine Sache. »Und wenn er Ihnen Nutella kaufen will, lassen Sie ihn doch.«

Wir haben uns noch eine Weile unterhalten, bis sie meinte, sie müsse wieder was tun, und mich mit besten Wünschen für meine Jobsuche verabschiedet hat.

Zwischenzeitlich sind noch zwei Absagen eingetrudelt.

Andreas trällert irgendwas vor sich hin, als er heimkommt. Entschieden gut gelaunt, im Gegensatz zu mir.

»Was ist los?«, fragt er denn auch, nachdem er mich abgeknutscht hat.

»Es war einfach ein Scheißtag. Sechs Absagen! Die haben meine Bewerbung gar nicht angeschaut. Mir war langweilig. Wenn mich nicht Ingeborg zum Kaffee eingeladen hätte, hätte ich den ganzen Tag mit niemandem ein Wort gewechselt.«

Er hält mich einfach fest, das ist schön, und später akzeptiert er sogar, dass ich gemäß Ingeborgs Vorschlag noch was in die Haushaltskasse einzahle.

Nach dem Essen gibt er mir eine längliche schwarze

Schatulle mit Geschenkband drumrum. »Ich hab da was für dich!« Breites Grinsen.

Die drei silbernen Nutella-Münzen kommen zum Vorschein. Ich bin gerührt wegen der Geste, aber das dürfte um die 200 Euro gekostet haben und ich will so etwas eigentlich nicht.

»Andreas, es ist wahnsinnig lieb von dir, aber das ist … du bist verrückt!«

»Weiß ich. Nach dir! Du hast gesagt, Nutella darf ich dir kaufen. Freu dich doch!«

»Tu ich ja! Aber ich hab dir das nicht gezeigt, damit du's mir schenkst!«

»Das weiß ich doch. Ich wollte dir einfach eine Freude machen.«

Später taucht er mit einem großen Handtuch und Rasierzeug im Wohnzimmer auf. »Dein Hintern hat's wieder nötig. Zieh dich aus!«

Ich soll mich auf den Rücken legen, weit gespreizt die Beine anziehen, und er fummelt an mir rum, schmiert mich ein, schabt mit dem Rasiermesser durch meine Ritze, zwischen meinen Beinen bis zu meinen Leisten, nur oberhalb des Schwanzes lässt er etwas stehen, und ganz vorsichtig macht er sogar die Haare an meinem Sack weg.

»Schön!«, sagt er, »Schön! Bleib so!«, und dann zieht er sich selbst aus, schlägt sich, hinter mir kniend, meine Beine über die Schultern und dringt in mich ein, bis sich seine heißen Lenden gegen meine kühlen Pobacken pressen. Ich verschränke meine Beine hinter seinem Rücken, er beugt sich zu mir, ich liege nur noch auf den Schultern, er ist, auf Händen und Zehen, über mir. Sein Gesicht kommt immer näher, unsere Lippen finden sich, sein Kolben steckt in mir, aus dem Becken stößt er zu, es ist geil, sein Rohr in meiner Grotte, doch mein Rücken, hier auf dem Boden …

»Komm!«, stöhne ich, »Komm! Spritz mir in den Arsch! Spritz! Komm, du Schwein! Aaahh! Ich … aaah!« Das Zeug schießt aus mir heraus, ohne Handarbeit, weil in dieser Stellung seine Latte in mir einen Punkt erreicht, der es mir einfach heraustreibt. Andreas scheint noch nicht soweit, er reißt seinen Riemen aus meinem Loch, geradezu akrobatisch hängt er über mir, wichst sich, zum Abspritzen steckt er ihn mir wieder rein, salbt, wild knurrend und mit verzerrtem Gesicht, mein Loch von innen.

»Geh raus«, bitte ich, nachdem er zu Atem gekommen ist. »Mein Kreuz …«

Im Bett will er vor dem Schlafen meinen Hintern noch mal begutachten und ich rechne damit, dass er nicht nur schauen will. Doch er ist zu müde, begnügt sich wirklich mit Gucken, nimmt mich erst am Morgen wieder, auf die Schnelle, weil er ja in die Kanzlei muss. »Rasiert ist dein Arsch noch geiler!«, stellt er fest. »Wird Oleg und Max auch gefallen.«

»Wieso Oleg und Max?«

»Die besuchen wir doch heute, schon vergessen?«

»Nein, aber wir sind da in einem überwachten Besucherraum. Da werde ich ihnen nicht meinen Hintern zeigen.«

»Wart's ab!« Er grinst nur und ignoriert auch mein Nachbohren beim Frühstück.

Den Vormittag verbringe ich in einigen Stellenportalen, bewerbe mich, lege eine Tabelle an, wann ich es schon wo versucht habe, mangelnde Eigeninitiative wird mir das Arbeitsamt nicht unterstellen können.

Nachmittags auf der Autofahrt zu »meinem« Bau erzählt Andreas von Olegs Geschäften. »Ich achte darauf, dass hier bei uns alles sauber läuft. Was hinter den Grenzen passiert, ist nicht mehr meine Sache. Da hat er Beziehungen und wahrscheinlich ist es ohne Beziehungen auch gar nicht möglich, dort irgendwas zu machen. Und weil du mal gefragt hast: Es ist nicht so, dass er hier alles darf. Sicher hat Erich einen gewissen Ermessensspielraum, aber wenn Oleg zum Beispiel Freigang kriegt, dann mit Fußfessel, Begleitung, und nur zu mir, seinem Anwalt. Das ist vertretbar. Über den Sender der Fessel kann man orten wo er ist, aber nicht, in welchem Stockwerk. Du verstehst?«

»Verstehe. Beziehungen, nicht nur in Russland.«

»Wenn du so willst, ja, aber gewisse Grenzen werden nicht überschritten. Ich würde für ihn nicht meine Anwaltszulassung riskieren.«

Wir sind angemeldet, und nach einer Durchsuchung beim Empfang bringt Max uns in einen Raum mit einem großen Tisch und etlichen Stühlen. Andreas kramt einige Unterlagen aus seiner Aktentasche und bald bringt jemand Oleg. Kurze Begrüßung, dann setzt er sich mit Andreas zusammen und sie unterhalten sich auf Russisch über Geschäftliches. Ein Aufseher schiebt Fabian herein, Max bestätigt, er würde alleine auf uns aufpassen, sein Kollege verzieht sich wieder, und Fabian steht mir etwas scheu gegenüber.

»Macht, was ihr wollt!«, sagt Max. »Leider funktionieren

hier die Überwachungskameras und -mikrofone gerade nicht.«

»Wie geht's dir?«, fragen Fabian und ich gleichzeitig, als wir uns umarmen, und das bricht unsere Verlegenheit, wir lachen, setzen uns, ratschen. Natürlich habe ich mehr zu berichten als er, und bis auf das, was im Keller passiert, erzähle ich auch von Andreas und mir.

Fabian deutet zu Andreas, flüstert »Er ist … dein Freund?«

»Ja. Und er weiß von uns, du brauchst nicht zu flüstern. Er ist … der Wahnsinn!«

Fabian fragt nach meinem neuen Prozess, da muss ich passen, wir reden von meiner Arbeitssuche, seinen Wäschereikollegen, zwischendurch höre ich mit einem halben Ohr, wie Oleg etwas lauter sagt: »Ty pobril yemu zadnitsu?«

Sie reden nicht mehr über Geschäftliches. Sie reden über meinen rasierten Arsch. Den Oleg dann bestimmt nicht nur sehen will.

Ich konzentriere mich wieder auf das Gespräch mit Fabian, bis er abgeholt wird und wir uns mit einer Umarmung verabschieden.

»Noch eine halbe Stunde«, sagt Max. »Dann ist die Besuchszeit um. Was …«

Oleg unterbricht ihn. »Dann vertun wir Zeit nicht mit Reden, oder? Zeig uns deinen Arsch, Kleiner!«

Natürlich zicke ich nicht rum, ich will ja, dass sie mich alle bumsen, und als ich mich ausziehe, sagt Andreas einfach »Fickt ihn!« zu Oleg und Max.

Die lassen sich das nicht zweimal sagen, im Nu liege ich mit blankem Hinterteil über dem Tisch, sauge an Andreas'

Rohr, während Oleg mich schon vögelt und ich mit einer Hand Max' wachsenden Kolben knete.

»Hast du gut rasiert! Ist geilster Arsch im Knast!«, presst Oleg hervor, zieht mich durch, bis Max sagt: »Laber nicht rum, spritz ab! Wir wollen auch noch!«

Oleg grunzt unwillig, doch er legt einen Zahn zu und bald füllt er mich ab.

»Zeit wird's!«, kommentiert Max. Er lässt mein gerade frei gewordenes Loch nicht auskühlen, gleich steckt wieder ein harter Riemen in mir, und Max arbeitet ganz schnell darauf hin, seine Soße loszuwerden, was anderes interessiert ihn jetzt nicht, und es vergehen keine zwei Minuten, bis der zweite Männerschwanz in mir absamt.

Andreas' Latte ist bereits zum Platzen gespannt, nicht wegen meiner Blaserei, das ist mir klar, sondern weil mich gerade zwei Kerle begattet haben und er sich kaum noch zurückhalten kann.

»Lass mich rein!«, drängt er Max beiseite, und schon steckt der nächste Fleischspieß in meiner Arschmöse. Wie erwartet explodiert er fast sofort, nach ein paar schnellen, festen, harten Stößen habe ich bald die dritte Portion Sahne im Arsch und hoble mir hektisch noch selbst einen ab.

»Was ist los mit dir, Daniel? War doch geil, oder?«, fragt Andreas auf der Heimfahrt, nachdem ich auf ein paar belanglose Bemerkungen ganz kurz angebunden reagiert habe.

»Geil, ja. Und dass mit Max und Oleg was laufen wird, habe ich mir gedacht, das hattest du ja angedeutet. Aber wer hat zugeschaut? Und wieso hab ich das nicht gewusst?«

»Wie meinst du …?«

»Halt mich nicht für doof, Andreas! Wir waren nicht in einem Besucher-, sondern in einem Verhörraum, in dem ›rein zufällig‹ die Überwachungstechnik nicht funktioniert hat. Der große Spiegel war mit Sicherheit kein normaler Spiegel und dahinter war vermutlich der Direktor, oder? War das der Preis dafür, dass ich Fabian sehen kann?«

»Was? Natürlich nicht! Was denkst du denn?«

»Ich denke, dass es im Bau nichts umsonst gibt, das ist alles.«

»Daniel, du bist nicht mehr im Bau! Du musst nicht mit Sex für irgendwas bezahlen! Erich hat zugeschaut, ja, aber das war keine Bedingung für deinen Besuch. Und du weißt, du hättest sagen können, du willst nicht. Das hätten alle akzeptiert.«

Zwei auf einmal

Nach einer schweigsamen Rückfahrt hält mich Andreas im Treppenhaus auf, als ich hoch zu mir gehen will.

»Warte, Daniel«, sagt er. »Wieso bist du so sauer? Ich meine, ob du dich für Kurt ausziehst und bei Leo habe ich dich vorher gefragt, weil du die nicht kanntest, aber dass du Max und Oleg geil findest wusste ich, und Erich auch … du hast schon recht, ich hätte dich einweihen sollen … wird nicht mehr vorkommen, okay? Und wenn du heute bei dir oben schlafen willst – kommst du zum Frühstück runter? Dein Nutella ist ja hier unten.«

Er wirkt ehrlich zerknirscht, und bei seiner letzten Bemerkung kann ich mir den Anflug eines Grinsens nicht verkneifen.

»Sag mir so was das nächste Mal einfach vorher, ja? Zuschauer stören mich nicht. Ich hätte mich sogar vom Direktor ficken lassen, wenn das für die Besuchserlaubnis nötig gewesen wäre. Aber ich möchte das selbst entscheiden! Darum geht's mir. Verstehst du?«

»Verstehe. Aber glaub mir, es war nicht nötig. Und ich dachte, es gefällt dir, was ich da arrangiert hatte.«

»Es hat mir ja gefallen. Und wie! Als du zu Max und Oleg gesagt hast ›Fickt ihn!‹ Und es spricht für den Direktor, wenn er keine Bedingungen für meinen Besuch gestellt hat. Bei Gelegenheit bedanke ich mich … wenn vielleicht mal du, Leo und er, ihr alle im Anzug, in eurer Kanzlei … was meinst du?«

»Du bist so eine Sau! So eine herrlich geile Sau! Bleibst du hier?«

Natürlich bleibe ich und natürlich endet der Abend mit Sex, und heute überlässt Andreas mir die Initiative, und ich lecke an ihm, überall, besonders intensiv sein behaartes Hinterteil, ich vergrabe mich geradezu in seiner Ritze, bohre meine Zunge in sein Arschloch, das gefällt ihm, er wird laut, und plötzlich packt er mich an beiden Ohren, zwängt mir seinen Ständer ins Maul und ein Spritzfeuerwerk beginnt in meinem Gaumen. Ich schlucke das Zeug nicht, behalte es im Mund, Andreas liegt japsend auf dem Rücken und ich zeige ihm, wie ich mit seinem Sperma spiele, auf meiner Zunge, zwischen den Zähnen und den Lippen, und mit meinem verschmierten Mund widme ich mich seinem schlaff werdenden Schwanz, meine Hände kneten seine drallen Arschbacken, mit einem Finger erkunde ich vorsichtig sein weichgelecktes Loch, und es dauert keine zehn Minuten, da ist er wieder einsatzbereit.

Es folgt ein endlos langer Fick. Zunächst reite ich auf ihm, kneife seine Nippel und er bockt mich von unten, dann soll ich mich drehen, ihm den Rücken zuwenden, er will sehen, wie sein harter Riemen mein Arschloch dehnt. Ich stütze mich an seinen Knien ab, werde gepudert, und dann ist ihm auch das nicht genug und ich muss mich auf alle Viere hinknien. Er sticht mich von hinten an, und nun kann er all seine Kraft in seine Fickstöße legen. Er packt mich an den Hüften und orgelt mich so durch, dass mir der Schweiß aus allen Poren rinnt, ich mich mit beiden Händen am Kopfteil des Bettes abstützen muss, mein eigenes Rohr immer wieder heftig gegen meinen Bauch klatscht und irgendwann zu spucken anfängt und ich ungewollt und schreiend das Betttuch mit meiner Sahne versaue.

Andreas merkt das gar nicht, oder er will es nicht merken, er bockt und bockt, mein Loch brennt, und endlich, endlich, ist er wieder so weit, und mit einem lauten »Jaaah!« füllt er mich diesmal hinten ab.

Mit pumpendem Brustkorb liegt er neben mir, tastet nach meiner Hand. »Na?«

»Mir tut der Arsch weh!«

»Ich wäre nach dem ersten Mal zufrieden gewesen. *Du* hast noch mal angefangen.«

Nach dem Frühstück stecke ich das verkleckerte Betttuch in die Waschmaschine, damit Dunja nicht nächste Woche die Spermaflecken sieht, und da Ingeborg heute frei hat, besteht keine Gefahr im Treppenhaus. Mittags will Andreas zum Asiaten, Leo kommt mit, und beim Essen frage ich, wieso sie heute so formell gekleidet sind. »Kein Casual Friday?«

»Wir haben beide noch Gerichtstermine. Nach Möglichkeit bleibt freitags, wenn Ingeborg nicht da ist, einer von uns im Büro, aber heute ging es nicht anders.« Andreas kommt ein Gedanke: »Könntest du Telefondienst machen, Daniel? Jetzt dann, so bis fünf?«

»Grundsätzlich schon, aber ich werde niemandem irgendwie helfen können.«

»Ist klar, aber die Leute reden in der Regel lieber mit einer Person als einem Anrufbeantworter. Du müsstest nur notieren was war.«

»Mach ich. Kein Problem.«

Es kommen nur wenige Anrufe. Meist soll ich etwas ausrichten, manche bitten um Rückruf, ich verspreche, alles weiterzugeben.

Als Leo und Andreas zurück sind, verteile ich meine Notizzettel. »Hier, Leo, das schien wichtig. Eine Frau Schönfelder, die hat's ganz dringend gemacht.«

Leo verdreht die Augen. »Die Schönfelder hat Zeit bis Montag! Die streitet mit ihrem Ex-Mann wegen Besuchsrecht ...«

»Das kann aber doch dringend sein!«, unterbreche ich ihn.

»Besuchsrecht für einen Hund!« fährt er fort. »Die streiten, wer wie oft mit ihm Gassi gehen darf!«

»Wegen so etwas nehmen die einen Anwalt?«, frage ich ungläubig.

»Die Leute haben Rechtsschutzversicherungen. Ich weiß, es ist absurd, aber ich lebe auch davon.«

»Und weil sich Gerichte mit so einem Scheiß beschäftigen, kannst du ewig auf deinen Prozess warten, Daniel«, fällt Andreas ein. »Was war für mich?«

»Ein Herr ... Tereschkow. Er möchte euren Termin nächste Woche verschieben.«

»Ist gut, ich ruf ihn an. Aber … der kann doch so gut wie kein Deutsch …«

»Ich hab russisch mit ihm gesprochen. War kein Problem.«

Die beiden haben mich für meinen Telefondienst zum Essen eingeladen, und so radeln Andreas und ich später zu einer Pizzeria, wo uns Leo schon erwartet, jetzt wie wir in Bermudas und T-Shirt. Hier fühle ich mich wohler als in dem edlen Schuppen neulich, man kann mal laut lachen, ohne gleich indigniert angesehen zu werden. Leo erzählt sehr anschaulich von kuriosen Fällen seiner Klienten und bezeichnet sich selbst als Feld-Wald-und-Wiesen-Anwalt, der sich über gar nichts mehr wundert.

Er beobachtet mich, als ich zum Klo gehe und zurückkomme. »Sag mal«, meint er, »du gehst heute so komisch. Ist mir mittags schon aufgefallen.«

»Er konnte gestern nicht genug kriegen«, erklärt Andreas, aber da widerspreche ich: »Im Gegenteil, ich hatte mehr als genug!«

»Du hast doch nie genug!« Und dann erzählt Andreas Leo von meinem Vorschlag mit den Dreien im Anzug. Leo scheint sehr angetan von der Idee und fragt Andreas, wieso er das nicht schon am Nachmittag, als sie beide noch Anzug getragen hätten, gesagt habe, wenn ich schon auf »Men in Suits« stünde.

»So fixiert ist er nicht«, sagt Andreas, »Hauptsache, Männer.« Dann wendet er sich an mich: »Ty khochesh', chtoby my oba trakhnuli tebya?«

»Da!« Natürlich sollen sie mich beide ficken. So wichtig ist es mir nicht, ob sie dabei einen Anzug tragen.

»Du kannst im Gästezimmer schlafen«, bietet Andreas Leo an. »Wenn du willst.«

Leo will, und auf dem Heimweg lasse ich die beiden vor mir her radeln, bewundere Andreas' breites Kreuz und Leos sehnigen Rücken, die vom Sattel geteilten prallen Hinterteile, die strammen Waden, und ich schiebe bereits einen Ständer, als wir zuhause ankommen.

Andreas gibt noch eine Runde Grappa aus, und als ich später nackt aus dem Bad komme, höre ich gerade noch, wie Leo sagt: »Hält er das aus?«, und Andreas antwortet: »Wir probieren's.«

»Was halte ich aus? Was wollt ihr probieren?«

»Ob dein Arsch uns aushält.«

»Natürlich hält mein Arsch euch aus. Der ist an mehr als zwei gewöhnt.«

»Das stelle ich mir rein anatomisch schwierig vor«, meint Leo, und ich kapiere nicht, wieso beide losprusten.

Erst mal bleibt mein Hintern außen vor und ich widme mich ausgiebig den Zuckerstangen der Anwälte, die sich nackt nebeneinander aufs Sofa setzen. Ich knie vor ihnen, blase abwechselnd rechts und links und bearbeite das jeweils andere Rohr mit der Hand.

»Willst du anfangen?«, höre ich Leo fragen und Andreas' Antwort: »Mach du!«

Ich habe damit gerechnet, dass Andreas, mit seinem Faible für benutzte Arschlöcher, Leo den Vortritt lassen wird.

Diesmal mache ich willig auf, als Leo, nachdem er mich eingeschmiert hat, ansetzt und mir seine Keule reinschiebt, mir ist nicht nach Pantoffel. Und während ich hinten gestopft werde, sauge ich weiter Andreas' Rohr, der sich über meinen Kopf hinweg mit Leo unterhält.

»Was meinst du?« fragt er.

»Könnte gehen. Heute flutscht sein Loch wie nichts. Aahh!« Besonders fest rammt er mich und ich kapiere immer noch nicht. Natürlich flutscht mein Loch, wenn ich mich locker mache. Leo ist ein guter Hengst, ich drücke das Kreuz durch, recke ihm meinen Arsch entgegen, genieße das Rein-Raus der beiden Schwänze in meinen Löchern. Meine Erregung hinausschreien geht wegen der Maulfüllung nicht, aber zumindest Andreas merkt, wie geil ich bin.

»Warte mal«, unterbricht er Leo, »nicht, dass er uns zuvorkommt.« Dann legt er sich auf den Rücken auf den Teppich, fordert mich auf, auf ihm zu reiten, und als ich mich über ihn schwinge, gleitet sein eingespeichelter Kolben wie nichts in meine gut vorbereitete Fotze. Andreas verpasst mir von unten einige Fickstöße, und ich erwarte, dass Leo sich wieder sauberlecken lassen will, doch der muss irgendwo in meinem Rücken sein, nicht in meinem Blickfeld. Andreas zieht meinen Oberkörper zu sich, fasst mir in den Nacken, »Jetzt werden wir sehen, ob dein Arsch uns aushält!«, stöhnt er, presst meinen Mund auf seinen, zwängt seine Zunge in meinen Rachen, und als nun Leos Hände meinen Arsch betatschen und mein Loch befingern, kapiere ich endlich, was die zwei vorhaben und kriege die Panik. »Sollen wir *beide* dich ficken?«, hatte Andreas gefragt und »Ob dein Arsch *uns* aushält«, aber dass sie *zusammen* rein wollen …

»Nicht!«, stoße ich hervor, »Nicht! Lasst mich … nein!«

Neben Andreas' Schwanz stecken bereits mindestens drei Finger in meinem Loch, und ich habe das Gefühl, es zerreißt mich gleich. Andreas hält meinen Kopf, sieht mir in die Augen, sieht, wie ich mit mir kämpfe, und ich weiß, wegen »Nein« und »Nicht« wird er die Aktion nicht abbrechen. »Du schaffst das, Daniel«, versucht er mich zu beruhigen, »Wir passen auf. Es wird auch für dich geil, wirst sehen!«

Er wiegt mich jetzt fast in seinen Armen, auf seiner Brust, streicht mir übers Haar, »Schsch … du willst es doch auch, mein Kleiner …«

»Nein«, wimmere ich, »Aufhören! Lasst mich doch …«, und in dem Moment zieht Leo seine Finger wieder aus meiner Grotte und ich kann ein wenig entspannen.

Ganz kurz nur, dann drängt sich Leo von hinten an mich, und ich denke es sprengt mein Loch, als er seinen Riemen in mich quetscht.

»Locker lassen, Daniel«, stammelt Andreas, »gleich hast du's geschafft! Zwei Schwänze in deinem Aa…«, dann brüllt er »Mir kommt's! Mir kommt's!«, und mit dem Pumpen seines Rohres treibt Leo das seine weiter in mich hinein. Mein eigener Bolzen, stocksteif und steinhart zwischen unseren Bäuchen eingeklemmt, samt ab, und jetzt geht es wirklich nicht mehr, »Ya ne khochu!« schreie ich, und Andreas signalisiert mit einem Blick, er habe verstanden. Er zieht mich ein weniger höher, dabei rutscht seine Latte aus meinem Loch, und nun hämmert nur noch Leo seine Geilheit in mich hinein, bis bald auch er in mir abspritzt.

Er bleibt noch eine kleine Weile neben uns liegen,

verschnauft, dann verzieht er sich. »Ich lass euch allein … Gute Nacht!«

Andreas hält mich fest. »Das wollte ich schon immer mal … nicht bloß nach, sondern *mit* einem anderen in einem Loch … Du hast für mich durchgehalten, oder? … danke!«

»Ja … ich bin so blöd. Ich habe nicht gemerkt, worauf ihr hinaus wollt … aber es geht nicht. Es geht einfach nicht. Nicht noch mal.«

»Schsch … alles gut, mein Kleiner. Ja lublú tebjá!«

Und mit diesen Worten im Ohr schlafe ich ein.

Open End

Leo ist bald nach dem Frühstück gefahren, und Andreas will wissen, wie's meinem Hintern geht.

»Geht so. Warum?«

»Ach, Daniel… warum wohl?« Er nimmt mich in die Arme. »Keine Lust?«

»Doch! Aber nicht bumsen, mein Hintern braucht eine Pause…«

»Kein Problem«, meint er und bugsiert mich Richtung Schlafzimmer.

Dort schlüpft er aus dem Slip, ich bin wie immer hingerissen, wenn ich ihn nur nackt sehe und gehe gleich vor ihm in die Knie. Er lässt mich eine Weile an seinem Zauberstab nuckeln, dann trägt er mich aufs Bett.

»Du darfst dir was wünschen«, sagt er. »Schließlich haben wir dir gestern einiges zugemutet.«

»Halt mich einfach fest!« Er liegt auf dem Rücken, ich lege mich auf ihn, küsse ihn, seine Hände wandern zu meinen Hinterbacken, bleiben dort liegen, wir reiben uns aneinander, mein Harter zwischen uns eingeklemmt, seiner zwischen meinen Schenkeln. Schön, einfach schön.

»Gar kein Wunsch?« fragt er irgendwann.

»Doch, schon … bläst du mir einen?«

»Weil du's bist!« Er dreht mich auf den Rücken, und gleich darauf ist er über mir, seine Lippen schließen sich um meinen Kolben, und ich stecke mir den seinen in den Mund.

»Nicht schlucken, wenn ich komme!« befiehlt er, und dann bläst er mich und fickt mich zugleich ins Maul, und es ist das erste Mal seit Ewigkeiten, dass jemand an meinem Schwanz saugt. Er ist ein Könner, ich bin bald soweit, das merkt er, seine Fickstöße werden heftiger, tiefer, und nun befummelt auch noch ein Finger meine juckende Rosette, und ich komme, spritze ab, und fast zugleich füllt sich auch mein Gaumen mit heißer Männersahne. Ein paar Sekunden nur, dann pressen sich seine Lippen auf meine, seine Zunge öffnet meinen Mund, sein und mein Sperma vermischen sich zwischen uns, jeder schluckt schließlich einen Teil von sich und einen Teil des anderen.

Andreas liegt wieder hinter mir, zieht eine Decke über uns beide, ich kuschle mich an ihn, fühle mich sicher und geborgen.

»Zufrieden?« flüstert er.

»Viel mehr. Ja lublú tebjá!«

Wir gehen den Samstag ruhig an. Andreas durchforstet mit mir ein paar Stellenportale. Wir spielen Schach, da hat er keine Chance gegen mich. Wir holen uns ein Eis. Lümmeln auf dem Sofa, bis er plötzlich verlangt, ich solle mich ganz ausziehen.

»Wieso denn das?«

»Einfach weil ich will … und du wolltest doch alles machen, was ich will. Also?«

Hab ich mal gesagt, ja … und es macht mich an, wenn er solche Befehle erteilt, und so habe ich schon einen Halbsteifen, als ich die Hosen fallen lassen. Andreas packt mir dran, kratzt sich selbst am Hosenlatz, und ich denke schon, gleich geht es ab ins Schlafzimmer, aber er will in die Küche, mit dem Abendessen anfangen.

Beim Gemüseschnippeln regt sich mein Pimmel wieder ab, obwohl öfter mal eine Hand meinen Hintern betatscht, aber … »Andreas, mich friert! Und ich habe kalte Füße!«

»Schön, du darfst dein Knast-T-Shirt anziehen, und meinetwegen Socken.«

Halbnackt hocke ich also am Tisch beim Essen, wir unterhalten uns russisch, ich kann ihm etliche Obszönitäten beibringen, die ich von meinen Zellkumpanen gelernt habe und die nicht im Lehrplan der Uni stehen. Diese Sauereien machen ihn heiß, er isst schnell auf, packt seine Keule aus, stellt sich neben mich, und abwechselnd sauge ich sein Rohr und schiebe mir eine Gabel Eintopf rein. Das Zeug wird allmählich kalt, denn immer länger dauert es, bis er meine Schnauze mal wieder freigibt. Ich würde den Eintopf auch mit seiner Sahne essen, aber er will noch nicht kommen, und als auch mein Teller leer ist, schlüpft er aus der Hose, ich muss mich auf den Rücken legen, er geht über mir in die Hocke und lässt sich den Arsch lecken.

Eine meiner Lieblingsbeschäftigungen. Ärsche lecken.

Und Andreas nimmt zwar noch Rücksicht auf mein gestern geschundenes Loch, aber den Macker kehrt er schon raus. »Schön lecken, du Sau! Fick mich mit der Zunge!« Er spreizt seine Hinterbacken ganz weit und meine Zungenspitze bohrt sich soweit wie möglich in seine Grotte. Vielleicht lässt er mich mal mit dem Schwanz ran, er hat das ja nicht kategorisch ausgeschlossen, das wär's, dieses heiße Loch aufbohren … meine Gedanken spielen verrückt und mein Schwanz bäumt sich auf, ich sehe nichts, komme nicht dran, aber ich explodiere, das Zeug muss aus mir rausschießen, irgendwo hin. Ich kann nicht schreien, kann kaum atmen, weil dieser feste, breite Arsch auf meiner Fresse sitzt.

»Du kleine Nutte!«, höre ich, gedämpft, zwischen seinen Schenkeln, »hast mich vollgespritzt … na warte …«, und dann lüpft er seinen Hintern ein wenig, ich kriege wieder Luft, er wichst wie besessen, als er ablädt verkrampfen seine Arschbacken, ich merke es gar nicht sofort, es dauert ein paar Sekunden, bis es nass wird, er muss auf mein T-Shirt gespritzt haben.

»Du behältst dieses Ding jetzt an!«, sagt er noch. »Und es wird nicht gewaschen!«

»Was war denn vorhin los?«, fragt Andreas später im Bett, als ich mich und meine kalten Füße an ihm reibe, um mich aufzuwärmen. »Du bist ja abgegangen wie sonst was, nur weil du mir den Arsch geleckt hast.«

»Es war nicht nur deswegen …«

»Sondern?«

»Ich hab mir vorgestellt, du lässt mich mal rein … also,

ich meine, so richtig ... du weißt schon ... da ist es mir gekommen ...«

»Du kleine geile Nutte«, sagt er, und seine Hand fasst nach meinem Pimmel.

»Ich bin keine Nutte ... aber ich muss mit dir reden, Andreas.«

»Was gibt's?«

»Max hat mich vorgestern mal angerufen. Nächste Woche will sein Kunde wieder kommen, du weißt schon, der Dicke, bei dem ich letztes Mal mitgemacht habe. Er hat nach mir gefragt. Ob ich wieder dabei sein kann.«

»Was hast du gesagt?«

»Dass ich es noch nicht weiß. Ich finde den einfach nicht geil.«

»Aber er anscheinend dich ... und du siehst, dein Typ ist gefragt. Kurt hat mich dieser Tage auch angerufen. Wollte wissen, wie ich mit dir zurechtkomme. Ich hab gesagt, du würdest schon ganz ordentlich spuren, nur deine ständige Geilheit müsse ich dir noch austreiben.«

»Das ist doch genau das, was du willst!«

»Natürlich. Das war ja auch für Kurt, der steht doch auf solche Sprüche. Er hat vorgeschlagen, dass wir, also er und ich, uns dich mal vornehmen. Hundert würde er zahlen für Ficken, zweihundert mit Verhauen.«

»Was hast du ihm gesagt?«

»Dass ich mich melde, wenn ich allein nicht mit dir fertig werde. Ich würde gern sehen, wie er's dir besorgt, aber du musst es nicht wegen mir machen und auch nicht wegen des Geldes! Es ist deine Entscheidung.«

Die ganze Zeit schon knetet seine Hand meinen Schwanz,

der längst wieder steht. In meiner Ritze spüre ich seinen Harten, und ich bin so geil, es wird wieder gehen … »Ty khochesh' trakhnut' menya?«

»Da!« sagt er. Natürlich will er mich ficken. Und diesmal ist er ganz schnell und nur kurz zieht er mich durch, ehe er mich hinten abfüllt und in mir stecken bleibt, bis ich mir selbst einen abgerubbelt und in das vorhin schon versaute T-Shirt gespritzt habe.

»Was war denn los?« frage jetzt ich. »So schnell bist du doch sonst nicht, wenn du mich bumst.«

»Ich hab mir vorgestellt, dass dich vorher Kurt durchgeorgelt hat … weil du dich ihm angeboten hast … weil du so bist … weil du nie genug kriegst … und er zahlt für deinen Arsch …«

»Andreas, ich bin keine Nu…«

»Doch! Nicht wegen der Kohle, sondern weil du heiß auf möglichst viele Schwänze bist. Lass uns morgen weiterreden, ich bin müde. Gute Nacht, du kleine Nutte!«

GAY HARDCORE

Max Wildrath
Gay Hardcore 23:
In der Zelle des Knastkönigs
200 Seiten, Softcover,
10,5 x 17 cm
ISBN 978-3-95985-428-3
€ 12,99

Daniel wird zu drei Jahren hinter Gittern verurteilt und landet in der Zelle des russischen Knastkönigs Oleg. Der glaubt ihm zwar, dass er unschuldig ist und hat ein Auge auf ihn, doch das hat seinen Preis: Daniel muss jeden Tag für Oleg und seine beiden Zellenkumpane Mischa und Alexej hinhalten. Damit nicht genug: Auch die Kerle aus den Nachbarzellen, die uniformierten Aufseher, der Gefängnisarzt und der Direktor des Baus nutzen seine Löcher, um ihre aufgestaute Geilheit abzureagieren – und sogar für den unersättlichen Daniel wird es in den Duschen und der Anstaltswäscherei manchmal fast zu viel.

GAY HARDCORE

Monsieur Laurent, gutaussehend, charmant und Mitte 60, unterhält mit hübschen jungen Männern Affären, um sie sadistischen Altersgenossen zur Verfügung zu stellen. Endlich gelingt es ihm auch, den hinreißenden Antoine mit seinem besten Freund Bernard zusammenzubringen. Der Abend zu dritt wird ein Erfolg: Der anspruchsvolle und verwöhnte Bernard ist von dem atemberaubenden jungen Athleten hellauf begeistert.

Maik Keller
Gay Hardcore 24:
Scharfe Spiele mit Monsieur Laurent
184 Seiten, Softcover, 10,5 x 17 cm
ISBN 978-3-95985-429-0
€ 12,99

Im Rahmen seiner Herrenabende bringt der charmante Monsieur Laurent seine jungen Geliebten mit alten Männern zusammen, denen sie sexuell zur Verfügung stehen sollen. Schritt für Schritt bereitet er die hübschen Bengel auf die Begegnung mit seinen anspruchsvollen und verwöhnten Gästen vor. Besondere Sorgfalt verwendet er auf die strenge und gründliche Erziehung von Antoine.

Maik Keller
Gay Hardcore 22:
Erziehung bei Monsieur Laurent
192 Seiten, Softcover, 10,5 x 17 cm
ISBN 978-3-95985-422-1
€ 12,99

LUCASENTERTAINMENT.COM